JN409996

막사발 시

사상과 문학 시인선 · 3

막사발 시

하나로 선 동인시집

하나로 선 사상과 문학사

서문

유승우
(시인 · 문학박사)

하나로 선 『사상과 문학』 작가회에 속한 시인들이 동인 사화집 『막사발 시』을 출간한다는 소식을 듣고 기뻤습니다. 무엇보다도 먼저 동인 여러분에게 축하의 말씀을 드립니다. 요즘엔 사람들이 시를 읽지 않아, 시와 시인들이 버림받은 느낌입니다. 그래서 시인들은 더욱 시에 가까이 가나봅니다. 광야에서 하나님을 만나듯, 요즘의 시인들은 광야에서 시를 만나는 것이지요. 사람들은 시를 버려도 시인은 시를 떠날 수가 없습니다. 그것이 인간의 본성이기 때문입니다.

옛날에는 시와 노래가 시가(詩歌)라는 이름으로 한 집에 살았습니다. 시(詩)는 '신과의 대화' 이고, 노래는 '신을 만난 기쁨의 표현' 입니다. 신과의 대화는 신과의 교감(交感)이며, 문학적으로는 시적 영감이지요. 그러니까 신과의 교감은 곧 시적 영감이며, 신을 만난 기쁨입니다. 이 기쁨이 없이는 인간 존재의 의미가 없습니다. 신나는 일이 없는 것이지요. 신과 만나는 기쁨을 누리려면 하늘을 향한 그리움이 있어야 합니다.

하나님은 땅에서 먹이를 찾는 본능으로만 살라고 짐승들을 기어 다니게 만드셨습니다. 그러나 사람은 하늘을 향한 그리움의 상징으로 직립동물로 만드셨습니다. 그래서 인간은 시를 떠나서 살 수 없습니다. 아무리 똑똑한 짐승이라도 시인은 될 수 없습니다. 물질만능 시대인 오늘날, 먹이를 찾으려는 본능으로 시를 버리고, 시인을 외면할지라도, 인간의 자리를 지키기 위해 시를 떠날 수 없는 것이 시인입니다. 노래와 춤은 오락이 되어 사람들에게 환호를 받고 스타가 되지만, 시인은 광야에서 신을 만나 시적 영감을 받습니다. 외롭습니다. 그러나 이 외로움을 먹고 하늘을 향한 그리움은 성숙합니다. 시인 여러분을 사랑합니다. 힘내세요.

차 례

곽명선

반인홍

이규봉

이명희

이민욱

임승순

최병극

최병수

최성대

홍영철

발간사

발간사를 쓰려니 밤의 바다를 건너고 있는 심정입니다. 그렇지만 우리들이 좋은 작품과 꿈같이 보내던 시간을 역사에 남길만한 일을 하게 돼 영광입니다. 소중한 사상과 신앙을 담고 있어서 그렇습니다.

시의 세계를 늦게 찾은 날갯짓이 일일이 무슨 이름이나 있겠나 만은, 다정다감한 눈빛으로 보아주시면 합니다. 걸음마를 갓 떼고 있는 시인들의 첫선으로 옮겨 실어 놓습니다. 공감 가는 것이 있으면 곧장 칭찬을 아끼지 말아 주었으면 합니다.

관심을 확대해 볼 필요를 느끼고 시작했습니다. 대외 관계가 긴요하다고 보아서 전에 없던 작업을 진행해 봅니다. 수십 년을 각자가 천직으로 붙들고 살아오던 동인들이라 「막사발 시」시집에 담아 보려니 시야가 너무도 협소함을 느꼈습니다.

시집이란, 수입업 대신 수출업의 개척을 하는 셈이 되는 것 같군요.

우리들 동인 모두는 제2의 인생이 있다는 것을 보여 주었으면 합니다. 그리고 꿈으로 끝나지 않았으면 합니다. 문학이 탐색과목이 아니라 방향의 재검토를 요하는 이들에게 제2의 인생의 길잡이로 내놓습니다. 그릇된 풍조를 만나서 통찰의 방향을 설정하는 기회를 주려는 겁니다.

물려받은 유산인 천직 그 자체로 소중하다고 그 동안 역설해 왔으나 무언가 남아도는 것이 있다고 느껴져서 뜻을 모은

겁니다. 기여나 성과에 대한 자세가 비약할 수 있는 계기를 제공하는 것만으로도 만족합니다. 이 책이 문학의 숲으로 안내하는 이정표 정도만 되었으면 더 바랄 것이 없습니다.

시란, 일종의 선언문이라고 보아집니다. 창작 욕구가 언어화하는 능력으로 들어나기에 그렇다고 봅니다.

'문예대학'에서 한 과정을 밟으며 시에 접근해 가는 방법을 같이 모색해 본 동인들이 자연스럽게 뜻이 모아져 한 권의 동인 시집을 만들어 낸 겁니다.

이후로는 공포감이 극복되고 느낌이 어색하지 않게 자신감으로 가꾸어 갈 동기로 삼고자 합니다. 어디에 걸쳐도 걸맞게 평이한 용어를 찾아 감수성의 폭과 깊이를 배려하느라 애 쓴 흔적이 조금 보일 겁니다. 우리 동인들은 멋과 향을 갖추자면 아직은 멀었다고 느껴집니다.

10명의 동인으로 출발하는 첫 걸음에 아낌없는 격려 부탁드립니다.

「하나로 선」 동인회
회장 최병극

곽명선

약력 | 서울출생
2011년 계간지 《사상과 문학》등단 (신인상)
사상과 문학 작가회원 및 운영이사
정신개혁교육원 연구원장
사회문화신문 주간

나의 시작 노-트

- 새로운 길을 가는 마음으로

사람의 삶에는 변화가 많다. 변화는 접하는 것들로부터 시작하는 것 같다. 한평생 살면서 시인이 되겠다는 생각은 한 번도 해본 적이 없는데 인생의 막바지에 시를 쓰는 사람이 되었다.

50대 초반에 절친한 친구 장례식에 조사를 부탁 받았다. 아직 그런 자리에서 조사를 하기에 바람직하지 않은 것 같아 간단한 조시를 적어 낭독하였다. 이후로 장례식이 있을 때마다 조시 부탁을 받게 되었고 행사가 있을 때마다 행사시를 쓰게 되었다. 그렇게 쓰게 된 시가 백여 편이나 되었다.

우연한 기회 행사에 참여한 계간지 "하나로선 사상과 문학"의 발행인 박영률 시인의 권고로 2011년에 등단하게 되었다. 접하지 않았던 새로운 길을 가게 되어 감사하는 마음으로 열심히 작품을 쓰고 있으나 시에 대한 전문적인 지식이 부족하여 새로운 고민을 안고 초등생의 마음으로 배우고, 한 편 떠오르는 시상을 다듬고 다듬어 진솔하게 토해내려고 한다.

등단한 지 1년이 넘으면 시집을 내기 어렵다는 주위의 권면이 있었고 점점 더 시를 쓴다는 것이 어려운 것 같아 망설였는데 몇몇의 지인들과 동인지를 출간하게 되어 매우 기쁜 마음이다. 기독교인이지만 신앙의 색깔을 떠나 모두가 동감할 수 있는 작품을 만들려는 노력을 하여 비록 새내기 시인이지만 내 한 편의 작품이 굳게 닫은 영혼이 문을 열고 타오르는 빛이 되어 생명의 기쁨을 함께 나누기를 바라는 마음이다.

자연의 향기

넓은 들판
이름 모를 들풀
바람에 몸을 맡긴다

드문드문 피어나는 야생초
뽐내지 않고 자랑 없어도
찾아드는 벌 나비

낮에는 햇볕에 몸을 태우고
밤에는 어둠을 안으며
내리는 빗물 마신다

욕심도 없이 다툼이 없어도
함께 사는 벌판에

벚꽃 지는 날

연분홍 눈꽃
마주앉은
눈맞춤에 파고들면

향긋한 내음
코끝이 간지럽다

커다란 눈망울
거울 속으로
해맑게 와 박히고

훨 훨 훨 날리는
벚꽃 잎에
낱낱이 새겨지는
애틋한 사랑

단풍 길

색색으로 어우러진
황금길 걸으면
그리운 얼굴
바람 따라 다가선다

꿈속에서
살포시 잡은 손길
따스하게 밀려오는 평안

떨어진 노랑 잎새
하나 둘 짚어
고이고이 품에 안는다

가버린 세월
하나 둘 세어보며
행복에 젖어드는
나그네의 길

아주 깊이 넓게
오래 오래
걸어가련다

봄비

신장로 갓길
연분홍 저고리
드러나 보이는 속살

물결치는
노랑치마에
눈을 감는다

온몸을
씻겨내는
생명의 물

한숨에 들여 마셔
마르지 않는
샘이 되련다

나목

발가벗은
홀가분한 아름다움

앙상한 가지에
솜털 옷이 눈부신데
심술 궂은 바람이
옷깃을 흔든다

긴긴밤 얼은 몸
따스한 햇살에
찾아드는 행복

몸속에 흐르는
생명의 기운 끝으로
긴팔 벌리고
기지개를 킨다

하루가 가고
또 하루를 보내며
새봄을 기다린다

불나방

밤을 기다리고 기다리다
타오르는 불빛을 찾아
날개를 펴고

힘겹게 펼쳐지는
찢어진 몸짓
불빛을 향한다

끝없이 헤매는 허공에서
지치고 지쳐도
쉼 없는 날갯짓

어둠이 끝나
햇살이 밝아 와도
두 날개는 쉬지 않고

가는 길 멀고
열매가 없어도
불빛을 향한 눈초리는
멈추지 않는다

검정 건반

드문드문 늘어선
검정막대
퉁둥둥 투둥둥
둔탁한 반음
뒷둥뒷둥

기다림에 지칠때
반갑게 찾아주는
고마운 손길

딩동뎅 딩동뎅
하늘을 나는
하얀 비행사

무대 위
열 손가락 디딜춤 추면
딩동뎅 딩동뎅
퉁퉁둥 퉁둥둥

새하얀 드레스
검정 턱시도
파랑하늘에
빙글빙글 왈츠를 춘다

야생초

이름 모를 들풀들
바람에 몸을 맡긴다

뽐내지 않아도
찾아드는 벌 나비

햇볕에 몸을 태우고
어둠을 안으며
이슬을 마신다

다툼이 없이
함께 사는 들판에
모여드는 웃음소리

우리 집 행운목

창문가에
백 밤이 오고가고
활짝 갠 하늘에서
푸른 물이 흐른다

낮과 밤이 교차하여
잎파랑이 파릇파릇
두 손을 높이 든다

갸날프게 솟아오른 멀쑥한 꽃대
몽글몽글 피어나는
순백에 꽃망울
노을 속에 가득한 진한향기

차가운 길목에서 만나
한 아름으로 맺어진 인연
어느 날 찾아온 행운은
깊은 향으로 묶인다

잿빛 도시의 갈망

하늘을 가득 메운
콘크리트 절벽

적막이 감도는
스산한 거리
흐느적거리는
발걸음

밤이 가고
새벽이 와도
도시는 온통 잿빛

빨 주 노 초 파 남 보
행복한 꿈을 기다린다

반인홍

약력 | Dr. Rev. song do pull Gospel church
(사)한울문학 등단, (사)한국현대시인협회회원,
(현)《하나로선 사상과 문학》 편집위원 및 운영이사.
(사)한국전인교육협회 회장.
한울동인시화집《하늘빛풍경》발행.

나의 시작 노-트

아무것도 내세울 것 없는 시를 모아 문인들과 나란히 하나로 선 동인시집 “막사발 시”를 발행하여 작품으로 공개 된 것을 생각할 때 감개가 무량하다. 갖추어지지는 않았지만 문인의 길에 동행할 수 있도록 지도해 주신 많은 분들과 “하나로 선 사상과 문학”에 감사드린다.

평소 생각으로 말하고 마음으로 말하고 영으로 말하고 행동으로 말하고 싶었던 것들을 동인시집에 모아, 서로 나눌 수 있는 작품으로 만들어짐에 감사하며, 뜻을 모아 아름다운 첫 발자국을 남길 수 있게 된 것에 더욱 감사드린다.

이제 선배님들의 기대에 이르도록 소신껏 노력을 다할 것이며, “하나로 선 사상과 문학”을 더욱 발전시켜 전통 있는 문학지로 초석을 다지는 일에도 게을리 하지 않을 것이다. 앞으로 시 창작에 노력할 것이며 “하나로 선 동인”이 모든 사람들의 사랑을 고루고루 받을 수 있도록 최선을 다 할 것이다.

이 동인 시집을 읽는 사람들이 모두가 잠시나마 고개를 끄덕이며 즐거웠으면 한다. 그리고 소외되고 얼룩진 어두운 곳에 빛과 소금이 되어 그들의 희망이기를 소원하며, 앞으로 “하나로 선” 진정한 동인이 되어 정서와 사랑이 가득한 멋진 이 길을 서로 손잡고 함께 걷기를 소망한다. 바라기는 독창보다는 합창과 오케스트라의 멋진 조화로 함께 감동을 주고 받는 동인으로 성장 할 것을 다짐하며 기대한다.

아내에게

동쪽 산에서
해가 오르듯
새해 춘삼월
신춘명인이 탄생했는데

사랑하는 아내도
산 꽃잎보고
노래할 줄 알았는데

명가에 해학이 가뭄 들었나
봉서방 사랑채로 박대하듯
자갈밭에 통나무가
요란스럽게 굴러간다

맞아
그러면 그렇지
당신이라면
나처럼 장미 향기를
노래할 수 있어

그리움

따뜻한 봄이 온다
동장군이 가는듯 하지만
아직 속살은 싸늘하다

앙칼지게
종알거리며
하늘로 날개 치는 실버스타들
휘황한 도시에
물결이 넘실거리듯
거리가 화려하다

주머니 속엔
동전이 돌아가고
주변은 조용하다

에스페로 진한 향기를
돌려가며 씹는다

띠오르는 얼굴이 그립다

조그마한 얼굴
밝은 햇살

있을까 말까한 작은 얼굴
도톰한 입술

풍성한 매너가 그렇게 좋았는데

산山

불러보고
소리쳐보고
속삭여 보아도 산은 말이 없지만
산이 좋아
산에 오른다

산이
죽었는가 보면 살아 숨 쉬는 것 같고
살았는가 두드려 보면 감각은 없다
있는 그대로만 보고 가라는 것인가

산은
침묵 하다 내가오면 귀가 뜨이나
어 하면 어가 돌아오고
아 하면 아가 돌아오니까

산은
무한한 가능성의 소유자
그래서 나는 산이 좋아
산에 오른다

목련

토실토실
우윳빛 속살

열아홉 하얀 미소
햇살로 핀 목련

한 송이라도
보듬을 수 있을까
사모하는 절름발이

고개 들어
내려다보는 목련

뻗힌 손 닿기 전에
애절한 사랑만
주고 가네

청량산

저럴 수가
청량산 산자락이
연두색으로 물들었다

벚꽃의 흰무리 소담들이
뭉실뭉실 산을 싸고 돌아간다

물오른 잎들의
산허리가 정말 싱싱하다

청아한 하늘 아래 드리운 청량산
한 세월 맬 수만 있다면
사방을 둘러보아도
맬만한 별자리가 너무 멀다

둥구나무

산 아래 옹기종기
샛길 돌아가며 어울리는 갯마을

그리워 찾아갔지만
둥구나무 아래 있었던
밝은 얼굴
벤치만 썰렁하다

하얀 차돌바위
오랜 세월이지만
지금도 그 모습이다

해가지면
둥구나무 아래서
피어났던 밝은 얼굴

가까우면서도
사랑만 맴돌다
긴 밤만 만지작거렸던 시간

외로운 그리움만
차돌바위에 새기고
기약 없는 곳으로 돌아간다

종점

어지러운 세상
명예와 권세와 환락이 뒤엉킨
도시들이여

뻗으면 잡힐 것 같고
놓치면 죽을 것 같은
위기의 시대여

이제
고요 하라

오직
뱀같은 지혜만이 하늘을 나르고
비둘기같은 순결함은 어디로 갔는가

소란한 세상
이제 잠잠 하라

별과 별 사이를 떠도는 유성들도
조물주의 권능 앞에 사라져간다
갈 곳 없어 헤매는 영혼들만 가득 찬 도시
떨어진 낙엽 벌레 먹은 흉한 자취

해 보다 밝은얼굴 보려거들랑

어지러운 세상아
이제 고요 하라

숲속 길

혼자 보는 숲 속
그대 그림자
하얀 바탕에 동그란 눈
그대 눈은 왕눈이었지
맑은 얼굴 도톰한 입술
시원하게 쏟아지는 함박웃음

만지작거리며 별도 세고
노래도 부르고
헤어지면 그리워
오가던 작은 숲속 길

풀반지 라일락 면사포
둘레둘레 숨 쉬는 돌배나무
해질 때 생각나는 작은 숲속 길

한恨

서산에 지는 해야
떨어지는 너처럼
나 역시
살아온 길
두고 가기에는
아직 남은 짐이
너무 무거워
조금 가면 되는 길
이젠 너무 힘이 들어
누가 와서 묻거들랑
이 자리가
내가 쉬었다가 간 자리라고
말 해줄 수 있겠니

세월

세월이 바쁜가 아니면 내가 바쁜가
생각할 겨를 없어 세일 수 없었나

세월은 여전히
배달부처럼 고희를 물어왔는데
뒷모습은 안 보인다

화려한 세월
흐뭇한 세월
보람된 세월은
내 눈앞에 주마등처럼 지나간다

중매해 주었더니 결혼하고
돌 유아원 어린이집 초등학교
중학교 고등학교 대학교 군대 직장 결혼
한 줄 낳아 할아버지 할머니로
돌아와서 하는 말

목사님 벌써 환갑이에요

누구 세월은 가고
누구 세월은 가지 않는 것처럼 말한다

돌아보면
양지에 심긴 석류나무
참 보기 좋은 열매들이다

세월은 연초록 잎을 진녹색으로
조금 있으면 연분홍으로
빛을 발하다 낙엽 지듯이

오직 그리던 내 아버지 집으로
나비처럼 훨훨 날아가겠지

이규봉

약력 | 대건고 졸업, 총회신학교 졸업, 총회신학연구원졸업
서울중앙교회 창대교회 개척 위임목사(전), 나눔선교회 대표회장(현)
(사)환경사랑실천운동연합 대표(현), (사)신 상록수 이사장(현)
《하나로선 사상과 문학》 신인상으로 등단.
정부표창 단체상 수상 2회, 서울특별시장 표창 2회.
저서 : 뉴퓨전 판타지 구성작품 《최후의 낙원》 (전,후편)

나의 시작 노-트

중고등학교 시절부터 문예부에서 체구가 크신 박 동규 선생님으로부터 수업을 받던 기억이 난다.

그때마다 선생님께서는 몸에 걸맞지 않는 특유의 미성으로 가슴에 문학에 대한 별 같은 희망을 심어 주셨고 급기야 당시 한국문단에서 크게 활동하시던 하유상 스승님께 나를 천거하여 그의 문하생이 될 수 있었다. 그 당시 청운의 꿈을 품고 홍제동 산꼭대기에 있는 스승님의 집과 명동 국립극장에 있던 작가 사무실을 왕래하던 일이 새롭다.

하나님의 손에 붙잡혀 혹독한 훈련 과정을 거쳐서 목회의 길을 걸었다. 인생의 시발점이 되는 청소년 시절부터 나의 가슴에 잠재력으로 살아있는 문학도로서의 불씨가 살아있었는지 교회에서 설교를 준비 할 때에도 전체적인 문맥과 표현의 아름다움에 꽤 신경을 쓰고 공을 들였다. 마침내 목회사역을 떠나 사회봉사적인 NGO 활동을 하면서 신문잡지 기고를 꾸준히 했고, 특히 퓨전 판타지 구성작품 "최후의 낙원"을 발표했다(장편).

시작활동에 대한 앞으로의 방향설정과 비전을 제시 한다면 첫째, 꿈 많던 어린 시절 박동규 선생님께서 소년의 가슴에 문학에 대한 별처럼 반짝이는 희망의 씨를 심어주신 것처럼, 소년처럼 해맑고 순수한 시문학의 정서를 일상에서 감동적으로 찾아 갈수 있도록 나의 정신세계에서 무엇보다도 순수성을 회복하기 위해서 노력 할 것이다.

둘째, 이미 지난날의 경륜과 생활에 안주하지 않고 부단히 배우고 열심히 혁신하여 전문성을 높이고 가급적이면 국내외로 여행을 많이 하여 견문과 詩作에 대한 소재의 풍부함과 영감을 넓혀가기 위해서 힘 쓸 것이다.

셋째, 우리나라 근대 시문학계의 지평을 열고 찬란히 비추는 별들의 작품을 탐구하며 그리고 성숙한 교제와 시인으로서의 진정한 자유자로 활동 영역을 넓혀가기 위해서 지금까지 가지고 있던 자아의 무거운 것들을 조용히 내려놓을 것이다.

약속

시간의 사슬에 매어
긴 밤을 하얗게 지새우며
설렘으로 가득한
미지의 세계를 연다
손길 마주한 진실의 기도
행복을 위한 간절한 소망
물안개 피어나는 바람결에
밀려오는 아카시 꽃향기
아침 햇살 내리는 여울목에
길 떠난 연인의 두 그림자
서로의 존재성을 인정하며
영원한 사랑을 약속한다

덫

눈감고 있어도
해바라기가 된다
가슴에 큰 불을 질러
용광로처럼 끓어 오른다

마음과 생각을 빼앗기고
영혼까지 빠져들어
행복의 미로에서
엉킨 매듭을 풀어간다

눈길만 보고
꿈에서도 애태우는 그리움
소낙비 우산 속에서
환한 꽃바구니를 주고 싶다

희망의 나라를 위하여
힘든 길 함께 가고
멈추지 못하는 고난의 행로
사랑의 덫에 걸리다

편지

봄소식이 아지랑이와 함께
꽃망울이 움트는 소리로 들리는 정오에
이 편지를 씁니다

그래도 삶의 파편처럼 느껴지는
깊은 정의 흔적이 남아 있기에
봄 햇살 상념 속에 편지를 띄웁니다

굴곡진 거목의 나이테처럼
인생의 경륜은 깊어가고
하는 일들은 잘 되고 있는지

화사한 봄꽃들의 향기가 그윽하고
설레는 속삭임으로 가득한
당신의 편지를 기다립니다

봄

가슴 시리도록
허공에 맺혔던 한파가
갯버들 가지에서 풀려나고
산비둘기 몰래 짝 짓는 봄

큰 진주조개가
비취빛 바다를 등에 업고
온갖 보화를 혼자 품은 듯
굳게 입을 다물고 있다

바람이나 햇살은
조개의 보화를 얻으려고
애태우지 않고 가만히
사랑의 손길로
어루만져 주기만 한다

조개는 봄볕이 싱그러워
살며시 눈을 감고
크게 입을 벌린다
진주보다 더 귀한
속마음까지 가져가라고

아내

어느 사이에
주름살이 많아지고
머릿결에 새치가
서리처럼 내렸다고

한번 자세히
눈여겨 봐달라고
하는 그 말에
시선 둘 곳을 몰라

아침이슬 머금은
꽃같이 싱그럽고
거울처럼 밝은
당신의 환한 얼굴

나를 만난 일생에
이산 저산 험산 준령
만난을 겪고 넘어
자리를 지켜온 당신

그리하는 나는 영원히
여자로 태어난

아름다운 당신 앞에
사랑을 노래하겠소

길

구름 그림자에
밀려가는 하루의 길이를
그 많은 발걸음 모아서
줄로 재듯 어림한다

젖은 땅에
발목 빠지고
혹한의 폭설에
동상도 걸리고

봄날엔
호랑나비 날갯짓에
햇볕 타고 오는
들녘 하늬바람 쐬며

언덕에 올라
가슴 열어놓고
대지의 기운을 마시려
크게 심호흡을 한다

대화

마음 가득히
아름다운 것으로
채워지는 것

서로를 향한
신념의 기대 속에
가까이 다가서며

더 크게
미래를 열어가는
진실의 열매가 맺히고

또 하나의
긍정의 역사는
시발점을 출발한다

직행버스

사람마다
무슨 생각에 빠졌는지
누구에게 말 못할
사연들이 있는지

눈 감고 침묵 속에
깊은 시름에 잠겨있다
빨강 시트의 좌석에
몸을 맡기고 있다

얼굴마다
평온을 가장한 채
알 수 없는 두려움이
교차된다

잠에 든 듯 보여도
마음엔 평화가 없다
고속도로를 질주하던
직행버스가 추돌을 한다

강남역에서 내리려던
빨간 넥타이의 사람이

한창 일할 나이에
인생의 직행버스를 탔다

벚꽃

가지마다
화사한 미소 가득하고
꽃샘바람 불면
눈꽃송이 날갯짓하며
슬픔을 날려버린다
포도위에 떨어지는
마지막 낙엽처럼
미련도 남기지 않는다
세월의 그림자 속에서
화려했기에 더욱 아픈
꽃의 슬픔을 잊으려고

희망의 풍차

보막이 공사가
한창 벌어지고 있는
강변 둔치
해묵은 상수리나무 앞에
서있는 풍차

바람이 불어올 때마다
희망의 노래를 부른다

강 이야기를 싣고
희망과 풍요
용기의 노래 들려주며
돌고 있다

큰 포물선을 그리다
휘파람 불며 신명나서
힘차게 돌아가고 있다

이명희

꽃이 피는 이유
드라마 속에 내가 있다
모국어, 할 줄 아십니까?
舞人의 노래
슬픔이 슬픔에게
역사란 무엇인가
죽비소리
패관잡기稗官雜記
할매의 꿈
나는 저물 수가 없다

약력 | 시인, 인터뷰 작가, 건국대학교 글로컬 소통 · 통섭 교육원 강의교수
삼성경제연구소 SERI CEO 강의역임
건국대학교 BK21 연구교수 역임
Modern of Buddhism 뉴욕지사 편집인 및 기자역임
Union Theological Seminary of
New York in Columbia University Visiting Scholar
Rutgers University of New Jersey Asian Studies Department Visiting Scholar
건국대학교 문과대학 국어국문학과 졸업, 석 · 박사

나의 시작 노-트

2013년 송해성 감독의 〈고령화 가족〉 영화는 〈가족의 탄생〉 이후, 개념 있는 가족에 대한 접근이었다. 결론부터 말하자면, 이 영화는 흥행에 실패했다. 혈연중심의 가족에 대한 의미를 지양하고, 열린 가족을 지향하는 영화인데, 전반부의 내용을 보면 콩가루 집안처럼 보이기도 하고, 기존의 가족의 시각에선 도무지 불편 투성이기 때문이다.

시를 쓰는 것도 그렇다. 기존의 시각으로 살펴서 불편한 것이, 불편해야지만, 그때부터 시는 쓰여진다라고 알고 있지만, 도무지 뜻대로 되질 않는다. 시 쓰는 것이.

시는 늘 짝사랑이고 외사랑이다.
왁자지껄 욕지걸이를 해대고, 화해를 하고, 사과하고, 용서하고, 뭐 이런 것이 사는 것이다. 그리고 한 편에선, 해탈을 꿈꾼다. 좌청룡 우백호처럼, 독실한 가톨릭 지인들과, 자비로운 불자들이 내 곁에 있다. 그리고 종교를 가로지르는 세계의 멘토가 북극성처럼 함께 하고 있다. 나는 이들에게 감사하고, 이들 때문에 충만하다. 그리고 시는 그들로부터 내게 온다.

꽃이 피는 이유

꽃이 피고 지는 데도
순서가 있음을 안 건
밥숟가락의 의미를 알 때부터였다
눈감고 외우지 않아도
피고 지는 순서가 뼈마디에 사무치는 건
가슴 속 내내
꽃이 지기 때문이다
서성대던 꽃잎이 상념을 떨구고
희망처럼 온 몸을 토해내는 것은
피기 위해 지기 때문이다
그러니
어서어서 피어나라
떡잎부터 알아본다 세상이 시건방떨어도
대궁부터 속살까지 온통 붉은 것을
떨어져 다시 펴도
죄다 붉을 수밖에 없는 것을
하여
꽃처럼
꽃같은
그대
어서어서 피어라
다시

피거나 지거나
마침내
이생엔 구원이 있으시길

드라마 속에 내가 있다

드라마 같은 인생을 산다고
저마다 사람들은 생각할지 몰라도
알고 보면 모두가 드라마 속 주인공
너 나 할 것 없이 인류의 일류를 희망하지만
유행통신 삼류 드라마 주인공들 뿐
질질 짜거나 변죽 좋게 희죽 희죽 웃기도 하지만
인생의 황금비율
아홉 번 울고 한 번 웃는
모두가
커튼콜의 주인공이다

기다림과 배고픔에 익숙하진 않지만
로또 복권 꿈꾸는 인생 역전의 도박사들
이 박사도 물 박사도
개 거품 입에 물고 신나게 공중 삼 회전
몽상에 감긴 태엽 풀어질 때야
풀어헤친 넥타이와 소맷자락을
단정히 고쳐 매고 눈꼽을 뗀다

도박해서 팔자 고친 놈 못 봤다고
겸연쩍게 아랫배를 문대보지만
척수까지 파고드는 시린 허전함

돌아가는 뒷꼭지가 엑스트라다

주말마다 결혼식과 돌잔치
주중마다 초상집 겹치기 출연으로
자신의 무대에 서 본 적 없고
우정출연에 날 샐 줄 모르는
드라마 속 삼류 줄거리에
대롱대롱 우거지처럼
내가
매달려 있다

그런데
저, 주인공도 죽나요?

모국어, 할 줄 아십니까?

생명탄생의 신비만큼 모국어의 바다를 기억하는 이들은 많지 않다. "말하는 자는 알지 못하고 아는 자는 말하지 않는다"는 노자의 말은 수정되어야 한다. 언어는 무성하게 싹과 잎을 틔워 그늘을 만들지만 솔라닌처럼 독이 되는 음지도 있다. 식도에서 나온 모국어는 더욱 그렇다. 온갖 오신채(五辛菜)의 냄새와 식탐이 묻어 있는 언어는 사람들의 마음속에서 우울한 초상화를 그려내거나 쇳덩이를 달아 침몰시킨다. 들숨과 날숨처럼 모국어를 달고 사는 사람들의 혀 속에도 운전면허증처럼 자격증을 채워 물려야 한다. 말이란 듣는 자의 것, 신언서판(身言書判)이 무장 해제 된 사람들의 혀 속에 모국어의 감별서를 첨부하라. 참과 거짓을 분별할 줄 알고 아닌 것을 아니라고 말할 줄 알고 소신을 뱉어내는 심장 같은 혀를 가진 자에게 모국어를 돌려주어라. 말할 줄 아는 자에게 음성을 주고 들을 줄 아는 자에게 의미를 뿌려라. 사람 같은 사람에게 혀를 붙이고 그렇지 않은 자에겐 달싹거리는 입술만 던져주어라. 그리하여 모국어로 노래하는 천명(天命)의 시인들에겐 스파르타 족의 눈망울을 담은 모국어를 안겨주자. 담대하고 강한 이들로 이끌 수 있는 붉은 혀를 달아주자. 나와 너를 말하고 그들과 우리가 있는 살 냄새 가득한 목젖으로만, 모국어는, 터져 나와야 한다.

舞人의 노래
–승무를 위하여

그늘을 느린 박사고깔이 시간을 벤다.
늘어진 장삼자락 너울마다 천 년의 숨결을 감고
금강역사가 된 무인의 손사위가 이제와 여문다.

무슨 형극의 증인 되어 舞人은 물동이를 길어 올려
서러운 프로메테우스의 심장처럼
살포시 장삼자락마다 바위덩이다.

숨구멍 구멍마다 심장이 선연하고
이글대는 눈매에 서리가 피어
뿜어내는 날숨에선 비린내가 피어난다.

버선코마다 말발굽소리 묻어 온통 이전구투다.
어쩌면 이서국의 武人이었을지 몰라
뻗어 오르는 북소리가 온 기운을 북돋운다.

솟아오르듯 날아올라 마침내 하나 되어
죽고 죽어 다음 생에 한 마리 자라 되어
이생의 그리운 뭍으로 기어올라도

조선 땅의 하얀 설움 씻어 내리려
씻고 씻고 또 씻어 하얀 고깔 벗어 던지고

펄펄 뛰는 몸통으로 박수무당 살풀이다

끊어내고 받아 마신 억겁의 실타래를
순정한 순간까지
舞人은 날아올라 신문고를 두드린다.

슬픔이 슬픔에게

호스피스 병동 페인트 빛은,
유난히도 꽃분홍이다.
아우성이다. 침대마다 숨소리는 고봉을 넘듯,

뱃속에 물이 달처럼 차오를 때
물은,
독이 되고 말았다.

제 자리에 있을 때 모든 건, 아름답다.
노루고기 염소고기 잘도 드시던 먹성 좋던 외숙모
전성시대를 몰고 다닌 사냥꾼처럼
물이 불어 심장을 삼킬 때도
우리는 벼룩시장의 벼룩처럼 뛰고 있었다.

숙모는 갈매 빛 여름 행장을 꾸려
사람을 벗고서야 달이 되었다.
딸을 낳은 외사촌의 젖가슴에서
탄생이 죽음을 이겨내고,
사람이 떠난 자리는 사람으로 채워지고
슬픔은 자라서 사람이 된다.

슬픔이 슬픔을 아가리로 삼킬 때

삼촌은 심장을 삼킨 물속으로 들어가
둥둥 떠다니는 숙모와의 추억을 건어내고
달무리가 되었다.

벗어 놓은 숙모의 왼발 상처딱지가
달무리로, 환하다.

역사란 무엇인가

청계 고가가 역사 속으로 걸어 들어가고 있다.
진자의 추처럼 삶의 왕복운동을 간직한 채
생활의 우왁스런 질주를 내팽개치고
교량은 쪼개지고 있다.

사람들은 알려고 하지 않는다.
역사의 한 페이지에 오늘이 기록되기 위해
시퍼런 파도를 닮은 멍자욱과
엉겨 붙은 가래 섞인 하소연이
천변 풍경의 실핏줄이 된다는 걸.
서방들은 피로가 정맥마다 쌓여
먹어버린 나이만큼 불포화 지방산이 된 삶을
그렁그렁 게워 내야하고
손톱과 콧구멍이 까매진 아내들은
이제부터라도
금침으로 된 나침반을 만들어야 한다.

고가(高架)와 함께 구축된 희망의 눈동자는
색맹판정을 받은 소녀처럼 표표히 떨어져 나간다.
교량이 떠난 자리에 움켜 쥔 돈 다발만큼
새송이 버섯처럼 내일은 자랄 것이다.
역사란 무엇인가.

인화될 수 없는 속도계 카메라가
텅 빈 고가 위를
멍텅구리처럼 주시하고 있다.

죽비소리

T -MOBILE 전화소리
따라라 따라,
모두가 '나야'로 시작되는
수많은 '너'들이
아침인사를 한다.

그대의 환한 웃음소리.
전화기 속으로 속살대는 너의 목젖이 아침을 깨운다.
등 푸른 고등어처럼
싱싱하게 헤엄쳐온다.
다정한 익숙함이 귀볼을 뚫는다.
세기의 피어싱처럼
콧망울에 한 방,
너를 담은 배꼽에 한 방,
활짝 핀 클리토리스에도 한 방,
마침내 나의 심장에도 한 방,
시원하게 피어싱을 한다. 물결치는 너의 날개가.

이승을 가르는 찬란한 업장이 초고속으로 지나간다.
지금까지의 실수들이 납작하니 네 심장에 말라붙어
있다면, 잊어버려라
서운함이 어딘가 네 어깨 죽지 위에 묻어있다면, 털

어버려라
슬픔이 소매 끝동에서 꾸역꾸역 흘러나와 지워지지
않는다면,
페브리즈 한 방으로 꾸덕꾸덕한 녀석들을 말려보시게
물론, 슬픔과 외로움은 유통기한이야 없겠지만,
그런대로 녀석들을 다룰 줄 알면 신진대사에 도움이
될거야
그리고는 작은 죽비 하나 마련하시게
업장이 녹으려면 이생으론 힘들겠지만
가문 날, 비오는 날, 심장 시린 어느 날에도,
부지런히 곰팡내 나는 '나'를 죽비로 내려치시게
모두가 당신의 '나'이고 싶어하는
모두가 나만의 '나'이고 싶어하는
유일한 '나'이고 싶어하는
나를 향해서,
레게든 삼바든, 리듬에 맞춰
신나게 신나게 내려치시게
그러다보면, 무문관을 훌쩍 넘어 아라한으로 거듭날
지도.

아, 등 푸른 내가 넘실대 온다.

패관잡기稗官雜記

아무도 귀 기울여 주는 이 없는
빈 산, 혼자 남아
어느 시대 살았던 이야기
오색 꽃단장이다

너와 나의 이야기는
유성이 놀고 간 童話처럼
삼나무 숲 속
함께 묻혔다

눈이 없어 듣질 못한다
아픈 멍이 멍울져 강으로 흐르고
누덕누덕 기운 심장소리
미친 물결로 밀어 올린다

누구 하나
슬픈 동화 낚아 올리거든
내생에 만날 인연으로 생각하시고
꽃그늘 발밑에 묻어주시게

그때는 千壽의 또아릴 틀고
사브작 사브작 꽃뱀이 되어

붉은 노래 받아내어
타고 난 세치 혀로 노래하겠네

知音의 귀 있어 누군가 찾아오는 날,
유장한 배따라기 가락으로 노래하겠네

稗官雜記 책장 넘어가는 소리가
지금 섭씨 38℃ 다.

할매의 꿈

강원도 대관령 너머 두메산골
애시당초 할매였던 할매가 산다.
단 한 번도 여자인 적 없었듯이
말라비틀어진 젖가슴
늘어진 목젖으로 하루치 양식을 삼킨다

할매가 아니면 더 이상 아무 것도 아닌
성도 할매 이름도 할매,
낡은 심장과 누추한 머리카락
허물어진 코와 있었는지 없었는지
흔적조차 지워진 눈썹자리와 사타구니
함몰된 입술은 세상을 부벼 댄 기념물
쩍쩍 갈라진 거북이 등짝만한 손바닥을 모아
그림처럼 나무관세음보살을 빚어낸다.

보고픈 눈동자는
해태의 눈망울
몇 번이고 생명을 담았던 축축한 자궁은
화석이 되었다.

슬픈 목젖
파삭한 목젖

늙은 목젖 아래로
백 년도 넘는 가래가 미련으로 들끓고
실낱같은 오늘은 틀니에 걸려 있건만

속속들이 꽃잎 피는 윤사월에는
버선발로 뛰어나가
시리도록 다시 피고픈
그녀 이름은
할-매!

나는 저물 수가 없다

사랑한다, 하여 나는 저물 수가 없다
지는 햇살에 몸을 기대어 또 다른 내일을 꿈꾸고,
반짝이는 별빛으로 가슴을 적셔 너를 담글 쪽빛 호수를 빚는다
진주를 머금은 혀가 나의 입술 속에 머물기를 얼마나 바래왔던지
너를 노래하고도 모자를 천 개의 혀가 보석처럼 박혀있다

옥석을 다듬는 장인의 손이 되어 구석구석 너를 깎는다.
넝쿨대는 너의 영혼이 흐느적거리며 내 손에 휘 감긴다
으랏차차 내 간장 속으로 말려드는 너의 그림자
살모사 혀처럼 빨려드는 빨간 네 영혼
죽 여 버 리 고 싶을 만큼 파고드는 네 그림자
관능과 본능이 서걱대는 핏빛 독수리 활공하는 하늘에
나는 가랑이를 한 껏 벌리고,
모이가 된 나의 심장을
응 시 하 고 있 다.

이 민 욱

첫사랑
멈춰버린 시간 속에 갇혀 있는 나의 고백
슬픈 그림자
사랑의 숭례문
아! 어쩌다 이런 일이...
바람이 분다
보령아가씨
해남으로 가요
원더풀 라이프
복음방울

약력 | 작가, 연출가, 성신여대 외래교수, 스타트리 커뮤니케이션 대표, 어린이 프로그램(MBC, EBS, 대교 TV),한인방송(LA, 뉴욕, 시카고, 캐나다)진행 및 프로듀서 역임, 문화재청(KBS)창작동요제 연출. The fame award(USA), 대한민국을 빛낸 인물 대상, 한국 문학세상 예술대상, 국가청소년 위원회 우수작품상, 사상과 문학 제1회 문학상 수상, 희곡 바닷가소년(84)데뷔, 리틀 맘 수정이...(파리, 인도네시아 수출, 국립 창극단 젊은 창극 선정), 뮤지컬 숭례문, 드림헤어, 희곡 아이노우유 등... 서울예술대학, 유니온 대학, 연세 대학원 졸업

나의 시작 노-트

유무선 통신 등의 네트워킹을 통해 존재감을 드러내고 있는 작품 속 노랫말 들이다.

어느 무명 배우들의 오디션 준비용 노래가 되기도 하고 어느 지방에서는 자기들의 고장을 빛냈다고 하여 남다른 사랑을 받는 곡도 있지만 이 노랫말들은 마치 자식들 같다. 긴 시간 동안 작품을 쓰고 무대에 올리기까지 형체를 빚는 토기장 같은 심정이 되어 예술 산업의 현장으로, 더러는 생존경쟁의 전쟁터로 임무를 띠고 출동했던 복병들이기도하다.

특별히 여기 실은 10편의 노래들은 언덕을 힘겹게 오를 때 좀 더 깊은 항해를 꿈꾸게 해준 노래도 있고, 어머니가 기적적으로 병마에서 회생 하신 것에 감사해 만든 것도 있다. 딸아이가 눈앞에 아른 거리는데 작업 때문에 집에 들어 갈수가 없어서 떨어지는 빗방울을 보면서 쓴 노래와 숙모님의 아름다운 삶을 보면서 그 이름을 넣어 만든 노래도 있다. 그리고 아내의 CCM음반 타이틀곡도 있다. 이처럼 내가 좋아하는 사람, 내가 경험한 일과 고향의 향수! 그리고 내가 가지고 있는 언어와 표현들... 후~ 내 청춘의 세월들이 말없이 녹아 여기에 들어있다.

세상에서 어떤 존재감으로 떠돌는지 알 수 는 없지만... 다만 사랑하는데 보탬이 되는 노래로 이 지구상에 나와 같은 시간에 공존하기를... 좀 더 세월이 흘러 어떤 자료를 찾는 한 소녀가 이 책을 발견 했을 때... 지난추억을 회상하며 그리운 한 사람을 떠 올리는 시간을 미리 축복하고 싶다.

첫사랑

(뮤지컬 드림헤어 테마 -2011 세종문화회관 대극장 공연)

선명했던 기억들이 빛이 바래져
아련한 기억 속 공간들이 희미해질 때
두 눈 꼭 감으면
어느새 가랑비 내려
그 비엔 아픔이 있지
시리도록 그리운 첫사랑의 기억들

지우려 해도 잊으려 해도
자꾸만 선명해지는 그리운 얼굴
그 따듯한 미소
꿈결 같은 목소리
심장으로 느껴지는 두 눈동자
추억 속.... 첫사랑
추억 속.... 첫사랑....

멈춰버린 시간 속에 갇혀 있는 나의 고백
(뮤지컬 드림헤어 넘버 중)

먼 옛날이었지
어제처럼 손끝에 닿는 순간
꽃시계 내음 따라 맴도는 그대
하얀 손 고운 얼굴 검은 머릿결...

먼 옛날이었지
어제처럼 손끝에 닿는 순간
들국화 향기가 아직 진동하는데
갈대숲 노랫소리 멈추지 않았지

가슴에서 익어가는 애절한 한마디
쏟아질까 삼켜버린 그 말
너를 좋아한단 너를 사랑했단 말
세월 흘러도 변하지 않는데

멈춰버린 시간 속에 갇혀 있는 나의 고백
멈춰버린 시간 속에 갇혀 있는 나의 고백

슬픈 그림자
(뮤지컬 드림헤어 넘버 중)

달빛이 온 세상을 비추네.
달빛이 내 마음을 비추네... 비추네
내 안에 숨어 있는 꿈들이
커다란 그림자로 나오네.
달빛이 온 세상을 비추네.

아~슬픈 그림자
달빛은 저렇게 밝기만 한데
아~ 슬픈 그림자
오늘은 아파 말라 말해놓고
슬피 우는 내 그림자.

너라도 행복 찾아가라고
등 떼밀어 외면하려 해도
차마 날 홀로 두고 갈 수 없는
슬픈 그림자
아~ 슬픈 그림자
너는 슬픈 내 그림자.

사랑의 숭례문
(뮤지컬 숭례문 테마- 2010 극장용 공연)

사랑의 숭례문 이른 아침 태양이
지붕위로 힘차게 떠오르네.
사랑의 숭례문 밤하늘 별빛을 따라
정다운 얘기를 속삭이네.

아름다운 숭례문 보기만 해도
희망이 솟고 용기를 얻네.
말하지 않아도 마음으로 느껴지는
따뜻한 사랑 늘 주고 싶어.

아! 어쩌다 이런 일이...
(뮤지컬 숭례문 테마)

아! 참담함이여 어쩌다 이런 일이
어쩌다 이런 일이 참담함이여
내 눈 앞에 숭례문이 타오른다.

어서 빨리 불길을 잡아야해
더 타들어 가기 전에
민족의 정신 조상의 얼굴 겨레의 보물이 탄다
목숨처럼 고귀한 민족의 숨결
화마에 잡혀서 타들어 간다.

수 백년 고통을 이기며 버티고 지켜온 절개여!
외세의 침입과 비바람에도 의연했던 목숨이여!
어찌하여 이토록 연기에 쌓였는가!
모질게 숨통을 덮치는 이유가 무엇인가!

아! 밤하늘에 치솟는 이 불기둥을
연기에 휩싸인 도심의 고통을
하늘이시여 살펴주소서.
하늘이시여 침묵하지 마소서.
불길을 잡아야해 막아야해 누구의 잘못인가!
모든 것을 동원해서 저 불길 막아야해

살이 탄다 뼈가 탄다 목숨이 탄다.
살이 탄다 뼈가 탄다 목숨이 탄다.

바람이 분다
(민들레를 사랑한 리틀 맘 수정이 테마-2007 대학로)

어디서 시작 된 것일까?
바다에서 산으로 부는 바람
산에서 바다로 부는 바람
또 어디로 불어 가는 것일까
이 바람에 마음실어 날려 보내면
그리운 사람들을 만나게 될까

바람이 분다.
어디서 시작 된 것일까?
눈물을 만드는 바람
그리움을 날리는 바람
사람들의 숨소리 같은 바람
바람이 분다.
바람이 분다.

보령아가씨
(2009년 발표)

여보시오 젊은 총각 색시감을 찾거들랑
더도 말고 덜도 말고 보령아가씨 찾으시오.

내 사랑 찬실이는 마음씨 착한 여자예요.
시부모님 공경하고 아들딸 바르게 잘 키우고
알뜰 살림 꾸리면서 남편 뒷바라지 잘 하는
내 사랑 찬실이가 없으면 나는 못 살아요.

찬실아 찬실아 나는 너만 보면 행복해
찬실아 찬실아 나는 너를 사랑해
한평생 알콩 달콩 웃으면서 살아가자.

여보시오, 젊은 총각 색시감을 찾거들랑
더도 말고 덜도 말고 보령아가씨 찾으시오.

해남으로 가요
(2000발표)

바닷바람에 검게 탄 얼굴
검정 고무신에 송사리잡고
미황 사에서 동백꽃 따던
그리운 친구들은 모두 어디로 갔나.

그물을 깁던 동네 어른들
부엉새 울던 추운 겨울밤
책보자기엔 요란한 필통
그리운 초등핵교 우리 담임선상님

보고 싶어서 만나고 싶어서
얼싸안고 울고 싶어서
사랑을 찾아 추억을 찾아
나는 지금 해남으로 가요.

원더풀 라이프
(2012 발표)

눈에 보이는 것 그게 전부가 아니에요.
마음을 바꾸면 모든 게 새로워지죠.
서로가 내민 손 맞잡고 위로해 주는 형제들
예수 안에서 원더풀 라이프!

고뇌의 바다를 향해 할 때
기도와 찬송으로 노 저어요.
거센 풍랑 속에서 등대를 찾는
갈망으로 주를 의지해요.

주를 만난 후 나의 바다는
말씀 가득 출렁이고
거센 파도는 능력되어
변화된 삶 속에 은혜를 누려요.

언제나 어디서나 주와 함께라면
원더풀 라이프!

원더풀-day
원더풀-week
원더풀-friend
원더풀-church

원더풀-school

원더풀-family

원더풀! 원더풀! 원더풀~ 원더풀 라이프…

복음방울
(2012 발표)

하늘에서 떨어지는 빗방울들이
땅위에 스며들어요. 샤르르르~
새싹이 돋네요. 꽃들이 피네요.
주님께 감사드려요.

하늘에서 떨어지는 복음방울이
내 맘에 스며들어요. 샤르르르~
믿음이 돋네요. 사랑이피네요.
주님께 감사드려요.

임 승 순

약력 | 한양대학교 공대 화공학과 졸.
《하나로선 사상과 문학》 신인상으로 등단.
《하나로선 사상과 문학》 작가회 운영이사.
태성화학 (주) 공장장 역임, 한진 잉크페인트 (주) 대표 역임.

나의 시작 노-트

사랑하고 그리워하고 미워하고 생각하면서 종이에 감성을 표현하려는 욕구가 시를 쓰게 하였습니다. 때로는 한 없이 기다리고 고민하고 웃으며 줄기찬 열정으로 하루에도 몇 편의 시를 미친 듯이 쏟아낼 적도 있었습니다.

삶에 전념하면서 벌려논 일들에 몸을 버리적거리며 시와는 멀리 떨어져 몇십 년이 흘러갔습니다. 세상에서 물러나 은둔의 생활을 할때 시인이신 박영률 목사님을 만나 주일마다 여러 시인들과 시낭송을 하면서 시인으로 등단 하였습니다.

동시에 전념하다 보니 현대시와는 멀리 떨어져있는 듯 합니다. 앞으로는 사물을 골고루 보아야겠고 무한한 공간에서 자신의 길을 잘 가다듬어야 겠습니다. 사물을 보면서 그 속에 무한히 엉켜있는 근원을 찾아 그것에 맞는 이미지를 창작 하도록 노력하겠습니다.

기쁨으로 즐겁게 읽히는 시가 되었으면 좋겠습니다.

어차피 문학에 대한 늦바람이 났으니 미친듯이 시를 사랑하고 시와 함께 손을 꼬옥 잡고 행복하게 살아가고자 합니다.

황혼

소리 없이 지는 낙엽은
인생의 마지막 길동무되어
한잎 두잎 옛이야기 하네

당신의 쉴 곳 찾아 방석이 될 때
실바람도 못 이기어
손 잡혀 끌려가네

꿈 많은 푸른 시절은 가고
잎 떨어져 앙상한 뼈마디
가닥가닥 흰머리에
고생한 당신 눈물 흐르네

주름진 얼굴 예쁜 낙엽되어
바람따라 멀리 날아가
하늘에서 만나요 하늘에서 만나요

기다림

꽃 피고 새 잎 나면 온다더니
열매 맺어 익어 가도 소식이 없습니다
비둘기 날개에 사연 담아
멀리 계신 님에게 전합니다

지는 해는 언제 가려고
가슴 속 님의 얼굴 비춥니다
어렴풋한 님의 소리에
자꾸만 먼 산길로 눈이 갑니다

아름다운 꿈속 사랑의 목소리가
기다리는 마음 알고 재촉합니다
사흘 밤 자고나면 꿈꾸러 간다고
까치야 님에게 전해주거라

환청

당신을 알고부터
귀 기울이는 버릇 생겼지요
기다리는 버릇 생겼지요

오려나 아니 오려나
귀 기울이고 기다리면
해는 서산을 붉게 물들였지요

비오는 날이면 몸살이 났지요
귀 익은 소리에 한달음에 나가니
빗방울이 문을 똑똑 두드립니다

독백

가슴 조이도록 당신을 못잊어
종이에 온 마음을 털어놓을 뿐입니다

기쁠때나 슬플때나
복받치는 감정을 글 속에 그릴 뿐입니다

글 속에 아쉬운 마음을 담아
오래도록 향기로 남기를 바랄 뿐입니다

이제야 조금은 알 것 같습니다
참고 견디다 풍선처럼 터져버린
미움과 그리움이 시인 것을

바윗돌 다듬어
-소나기

천둥 울어 구름 모아 빗줄기 끈 만들어
먼저 가신 님에게 깊은 인연 맺으리라

삼형제 앞세워 차례로 눈물 뿌려
바윗돌 다듬어서 님의 모습 만드리라

망부석을 세워서 천년만년 갈고 닦아
부서지는 긴 세월도 님의 정 간직한 채

어루만져 주리라
굳게 서게 하리라

작은 밥상

아침 상 그대로 점심을 먹는다

낯익은 고추장 종지
시큼한 김치 사발
비릿한 젓갈 그릇

점심 상 그대로 저녁을 맞는다

허겁지겁 수저를 든다
소처럼 코를 벌렁거리며
차츰 길들여진다

그리움

외로움에 지쳐 떠돌다
헛소리 중얼댄다
그리움에 온 몸 메말라 가고
슬픈 이야기 뉘 알겠어요

눈빛 아래
활활 타오르는 고백
그대 가슴 어디에
담을 건가요

겨울 달빛

차가운 바람 두 뺨 때려도
달무리 없는 신선한
겨울 달빛이 좋다

잠 못 이루는 긴 긴 밤
방안 가득
감성이 줄지어 일어나는
포근한 달빛

눈꽃 사이로 흰달 비치고
쌓인 눈 밟으며
따스한 손을 잡던 추억에
젖어드는 밤

창문 두드리는 바람 타고
어제 내렸던 눈보라 일어도
웃으며 다가오는
고운 얼굴
겨울 달빛이 좋다

반려자

한 몸이 되겠다는 성스러운 약속
단아한 당신 행복한 모습
살짝 훔쳐보며 설계를 하지요

흙 빚어 항아리 만들고
정성껏 구워내 곱게 담으면
마음 더욱 어여쁘지요

사랑의 보금자리 만들고
소중히 가다듬어 손 잡고 나가면
날아가는 새들도 앞날을 축복하지요

영원한 내 사랑
영원한 나의 짝

초야

삼십여년 고이 간직한 매듭
분홍 옷고름으로 풀리고
그대 영혼같은 하얀 요 위에
소중한 백년의 꿈
새순으로 돋는다

석류 껍질 터지듯
살포시 드러낸 고운 살결
수줍어 바르르 떠는 원초적 신비
오색 물방울로 구르다가
새 생명을 위한 축제를 즐긴다

장가들면 좋다고 하시던
할머니의 환한 얼굴이 보이는 밤

최병극

약력 | 장로회신학대학교, 계명대학교 사범대학 및 교육대학원 졸업. 40년 간 교회 목회
대전신학대학교 교수 및 교무과장 역임, 영남신학대학교 교수 역임
부산장신대학교 교수 및 교무과장 역임, 한남대학교, 침례신학대학교 출강
《하나로선 사상과 문학》신인상으로 등단 및 작가회 고문.
논문 : 《한국소년비행의 분석과 학교교육을 위한 시사》
연구논문 : 신학교육에 있어서의 교양교육에 관한 연구
편 · 저서 : 신학교재 및 선교를 위한 교양서적등 17권

나의 시작 노-트

첫 시집 발간의 꿈은 있었으나, 이상적 언어를 어디에 담아야 할지 몰랐다.

시(詩)에서의 취급된 개성, 내적 체험들이 어느 방향으로 확대되어 갈 건가가 문제다. 내가 쓴 시의 성격이 방출이냐? 분출이냐? 배제냐? 계몽이냐? 소외감에서 시(詩)가 싹이 트느냐? 주관적 통로에서 시(詩)가 비롯되느냐? 화자의 의식이 좌절되어서 나오는 것이냐? 헷갈리게 될런지도 모른다.

직함으로 봐서 사회적 변화의 흐름과 관계 맺고 있어야하기도 하고, 무엇을 강화하느냐? 어떤 의미로 단정화된 사회를 추구할 거냐? 왜 새로운 사상의 시대 맞이해야 하나? 하는 것이 문제되기도 한다.

생태계가 파괴되어 간다. 이 현상이 자연법칙으로 인해서인가? 그도 아니다. 계절이 바뀌어 가듯이 순환 질서만이면 얼마나 좋으랴 만은 손상된 세계 속에 살고 있다. 이런 중에도 자연의 순수성을 신뢰하려던 일, 후회 없이 낙관적으로 만들어 나가려고 방향을 일단 정해 놓고 지나려 한다. 대안이 없어져 가는 것 우선 챙기고, 질서 파괴를 보면서 동기를 던져주고 그 끝 기대로 부풀어 오른다.

독자 의식하면서 작가가 쓴 것 아닌데 어쩌나 하는 생각도 들었다. 이해로 접근된다면 다행이다. 이 시집이 내가 좋아하는 용어인 '징검다리 구실' 정도면 좋겠다.

'불구하고' 가 붙어 떨어지지 않는 입장이지만 새로움이라도 좋고, 충격이라도 좋고, 전환이라도 좋겠다고 마음이 들었다.

드디어 비록 공저 발간에 맞장구 치고 거든다. 불일치를 겪을 건가. 아니면, 균열 내심 의심하면서 바람을 일으킬 건가?

독자를 앞두고 이런 걱정이 있게 된다. 비난하는 자, 감탄하는 자 생길 거다. 그냥 잠재적 갈망이 응어리가 되어 나온 걸로 봐주었으면 한다

빗소리

비가 소리 내며 온다
못 잊을 산새들의 노래도 섞여 있다
남 모르는 사연을 다 듣고 내는 소리다
씻을 일, 마실 일 챙기는 소리다
식물들의 뿌리를 찾는 소리다
농부들의 속마음을 헤아리는 소리다
들 산의 풀잎사귀 빗소리 들은 뒤가 다르다
초목이 자란다. 건강한 생명을 가득 채운다
빗물이 서로 만난다. 빗물이 고인다
낮은 데로 흘러서 도랑에서 만나고 논밭에서 만나고
빨래터에서 만나고 강에서 만나고 바다에서 만난다
바다에 와서도 흰 거품에 이리저리 밀리며
소리를 낸다
낮아지기만 하면 어디서나 모일 수 있다는 소리다
우선 낮아져야만 그 모임이 준비인 것 가르치려한다
빗소리도 큰일하려면 그 길이 열려있다
음악이 빗소리에 섞여 들어오면
예술의 극치를 이룰 거야

바닷소리

흐르는 것이면 다 모아놓았다며 바다가 손뼉을 친다
구름이 강물의 흐르는 것
탓하지 않을 동안에 바다에 닿아
한 곳에 모여 난류와 한류를 따라 질서를 익히고 있다
바다가 위용을 떨칠 만한 힘 생겼을 때
무대를 차려 놓고
낮은 곳만 찾아 흐르던 빗물의 허무의식 떨쳐 버리고
가난을 다 벗기고 보금자리로 엮어 낼
고독한 시를 찾아 준다
바다는 무의식 중, 바람에 손목 잡혀 파도를 일으킨다
때로는 안개 자욱해도 망망한 대해라지만
끝장에서 일 내는 파도로 질서를 익히던
조류가 난리를 겪는다
바닷소리는 다른 도리가 없어
파도소리를 큰 소리로 받아드린다

침묵 바위

내기 놀이에 아까운 세월 다 놓쳤다
아니 침묵 내기하며 그 자리에 남았다
어제도 그 자리에서
오늘도 그 자리에서
침묵일 뿐이다
하늘도 침묵한 체
바위를 내려다보고 있다
바위는 우러러 보고만 있다
누가 오래하나
침묵 내기다

사철을 겪어 본다

사철을 살아봐야 철이 든다
한 두철 살다가 가는 것도 있는데
사철을 살아가는 것 몸에 익혀뒀다
내용이 같은 것으로는
밝거나 어둡거나, 높거나 낮거나
사철을 겪어보니 사철경험이 따로 없다
봄이 식물 움 틀 때 솟는 땅이며 꽃구경 왔다
여름이 그늘 지워주던 가지의 푸르름 보러왔다
가을이 열매까지 열어 주고는
낙엽지는 이파리 보러 왔다
겨울은 사철이 끝났다며 얼어붙어 버리게 만든다
사철을 지나며 겪은 것으로는
햇살이 반짝이며 안겨주던 기쁨
바람 속에 있던 슬픔 부끄러움
고요함 깨끗함
죄다 보여준 대로 겪고 지난 거다

우리들의 시골 집, 옛날의 집

창호지 한 장으로, 안과 밖이 달라진다
추운 겨울에도 햇살 한 움큼을
가슴에 안겨주면 기쁨이 ...
탐욕으로는 별도의 햇살 쪼이는 법 없었다
그렇게 살아도 염치없는 삶
허망한 삶을 엮지는 않았다
그래도 마지막 입고 가는 옷에
주머니가 없다는 것 알고 지냈다
창호지 한 장 안에서 왁자지껄 떠들어대는
개그맨처럼 살았다
유배당한 신음 소리 내는 시詩가 아닌
가슴 설레게 그리워하며 ...
친인척이 오가며 이런 농경시대를 살아왔던
기억이 쬐끔 남아있다

황폐한 집

이 시국을 크게 한한다.
분명히 황폐한 집 문패는 대한민국
주인이 잠간 자리 비운 사이
정신 나간 자들이 집을 지키고 있었다
연락이 닿지 않는 사이
먹구름만 뒤덮어진채로 수없이 오락가락
모두가 자기 같기만 할 결로 알고는 다 맡기고
바깥 출입을 했다
아무리 바보 같은 착한 사람들이라지만
허술한 담장을 그냥 두고서
살신성인의 미덕 헌신짝으로 내동댕이친
정신 나간 자에게 집 맡긴 적 있다
그래놓고도 새 삶의 동이 트일 거라고 믿고
지난 적이 우리에게는 있었다
권력 쥐고는 돈 빌려주고 쌀독 퍼주고도 뺨 맞고
서해섬이 박살나고도
재물이며 탐욕도 명예도 초월했던 것처럼 오갔다
아무것도 담아온 것 없다
바로 황폐한 집이라서
아예 포기해 버려서가 아니기를
정신만은 차려야 해

촛불

전기 불 쓰고 있는데 촛불 이야기냐 할 거다
정이 남아 있던 시대가 참으로 좋았다는
이야기 하련다
촛불은 옹기종기 모여 사는 이웃
남도 밝혀주려 했었다
너무도 어둡고 차갑고 우울한 당시를 밝혀주던
불빛이었다
우리 사회가 어지간해야지
썩어들어 가는 것 한 둘이냐
이쯤 되면 개똥벌레도 나올 법 한대도 말이다
개밥그릇 놓지 않으려 찧고 까불고
사생결단으로 으르렁댄다
하나같이 모두가 사나운 이빨 들어내어
챙겨먹고 있다
차라리 그 옛날에 정겨운 골목 길 밝히던
반딧불이 그립다
개밥그릇 놓치 않으려는 건
평생 연금제도 누가 만들었는지 있어서다

물새의 최근 소식

헌법상 영토는 대한민국이 관장하게 되어있다
조그만 영토에 전쟁 무기가 이렇게 많은지요
온화한 빛깔들로 취하게 할 수는 없을까
고개를 갸웃뚱
이웃나라 영토는 욕심부리는 일이 멎었는지
가보고 싶단다
물새가 뱃머리에서 깃 쳐들고
파도만 부셔져라 울어댄다
물새들이 어쩌다가 낯선 이국 배 한번 타고서는
기항寄港이라도 알려 다오! 하며 울어댄다

계절이 색다른 경험을 주려한다

여름이 쏟아져 나온다
풀잎이 이슬 빛 영롱하다 자랑이다
쩔뚝거리고 방황하는 정치, 풀잎에 와보라지
찔뚝거리던 약한 발자국 소리 탈출해 낼까
대한민국 국민에게는 추억이 언제 가고 오나
너무 피곤해서 자욱한 이야기 속으로 잠들었다
나도 남아서 발자국 찍고 싶다. 폭풍 불어와도
끝끝내 ... 색다른 두 경험 지켜보잔다
절벽에 대고 소리 지르면, 이는 주인 없는 증거다
누가 봐도 절벽에 뛰어 내려 자살했잖아
세상 어디에도 자살기념일은 없는 거다
조문 차 와서 좀 버티어 보지 하던 자는
10년이 넘게 생활비
29만원으로도 골프치며
놀러 다니는 비법 공개할 수는 없을까
검찰이 문짝 두들겨대는 여름이 온다 지
잇빨 빠지고 허리 굽은 할미꽃도 허리 펴고
구경하라네
민들레 홀씨 뿌려 내렸던 자리
어디쯤 꿈이랑 소망의 소리 들려주려
손 흔들고 눈물짓는다
유리창에 대낮이라서 뜨거운 태양열이 녹아내리고

저녁노을 질 무렵 주인 없는 문짝 떨어져 나가고
지붕 내려앉기 전에 국가비밀문서 회수하고
모두 끝내야 지요

막사발 시

막사발에 느낌의 순간을 담고
시는 고뇌로 만들어 지는가
느린 것과 느긋한 것
공간이 있어 좋다
빈 데가 있어 좋다
꿈 싣고, 야망 싣고, 갈망 도전 받아드린 곳
한계 모르고 실현의 가능성만 있는 곳
낯익은 풍경
햇빛 찬란한 곳
연못은 비단잉어 수련장
초원은 사슴의 단련장
뒷산은 뻐꾸기 노래 연습장
앞으로 쌓일 정직이 그곳으로 모일 거다
숲을 이루며 살 거다
환한 미소가 찾아오게 살 거다

최병수

약력 | 사상과 문학 등단(신인상)
사상과 문학 운영이사

나의 시작 노-트

시는 설렘입니다
시를 빚을 때 설렙니다.
아픔으로 빚어도 기쁨으로 빚어도 설렙니다.
사랑의 호흡이 지속되는 한 설렘은 지속될 것입니다.

등단작품 중 '파도'는 정글의 법칙이 지배하는 세상과 그 속에서 소멸되지 않고 살아가는 약자의 생존을 그린 작품입니다. 예측불허의 자연 현상의 소용돌이 속에서도 균형을 이룬 바다와 모래톱처럼 내 마음의 격랑 속에서 태어난 모래알 같은 시어들로 모래사장처럼 셀렘을 주는 시를 빚고 싶습니다.

풀도 나무도 없는 모래사장이 셀렘을 주는 건 거친 파도를 밀어올리는 망망대해와 수평선에 맞닿은 하늘이 함께 있기 때문일 것입니다. 인생의 부침은 한 알의 모래알 같은 시어를 남길 뿐이지만 외로운 이, 서러운 이, 배고픈 이들이 함께 하는 시를 빚어 같이 뒹굴며 설렘을 회복할 수 있는 시의 모래사장을 펼칠 수 있다면 얼마나 좋을 까요.

사랑은 성장과 성숙의 젖줄입니다. 아픔과 시련을 주기도 하고 희열과 행복을 주기도 합니다. 나의 시를 통해 독자들이 사랑을 만났으면 합니다. 잃어버린 사랑을 찾아 나섰으면 합니다. 찾아든 사랑을 잘 가꾸었으면 합니다. 사랑이 깨어지면 삶과 죽음의 경계선에 서게 됩니다. 나는 그런 아픔을 가진 사람들이 시를 사랑하게 되길 소망합니다. 시를 써 보길 소망합니나.

가슴 속에 묻혀있던 알토란같은 시어들이 움틀 때의 설렘을 맛보았으면 합니다. 빚어진 한 편의 시를 읽는 사람들의 눈빛이 반짝이는 것을 볼 수 있으면 좋겠습니다.

언제 보아도 어설픔이 있고 아쉽지만 나는 나의 시를 사랑합니다.

시를 쓸 때처럼 나는 내가 빚은 시를 읽으며 설레곤 합니다.

나처럼 설레는 사람이 많아졌으면 좋겠습니다.

이번 동인지가 그 씨앗이 되었으면 좋겠습니다.

강물에 당신을 띄우고

당신이 먼저 떠나면
나 만나 심지처럼 말라진
하얀 손에 불 댕겨
고운 불꽃 피워드릴게요
과분한 이여

강물에 당신을 띄우고
미련 없이 흘러가는
뒷자락에 대고 고래고래 소리 지를게요
응어리만 남은 뜨거운 언어로

혼자는 무서워
무릎 기대어
나 먼저 보내 달라던 눈빛
그 자리에 떨쳐 두고
먼, 머언 길 그리 바쁘시던가요
아름다운 사람

호곡呼哭의 물결
가슴에 일렁일 평생
남은 자의 속죄는
기약 없는 기다림 하나

당신 하나에 목숨 건 서투른 연인

그리 다급한 걸음으로 가실 양인데
함께 덧칠하던 회灰벽에
더 이상 채색할 순 없어요
고분古墳 같은 여생을

별 꽃 우리

별들은
외로움 타는 이
보다 못해
화장을 하고 내려와
꽃으로 핀다

질 때까지
지우지 않은
예쁜 색 향기로
물들어 가는 오솔길

어쩌면
원래 별자리는 길 가였을까
바람에 흩날리는 유성꽃잎에
밤과 낮이 설레인다

너는 별
나는 꽃
하늘과 땅 멀어도
웃음 한 번으로
우리가 되는

산 그림자

해 짧은 가을
올 길 먼 그대
석양 산그림자 빌어
와락 드리우네

치근대던 들국화
시샘 핀
댓돌에 쭈그려 앉아
꽃 이야기나 하자시며

속삭이는 별들의 눈총에
마지못해
슬그머니 일어서더니

어둠조차 다
산그림자라며
고추잠자리처럼 맴돌며
마냥
살자 조르시네

억새꽃 물결

이슬목욕 하던
억새꽃
엿보던 별
어둠 끌어 함께 덮네

뜬 눈 지샌 새벽녘
갈바람에
헝클어진 머릿결
달빛으로 빗겨주며

떨리는 손끝
흰 살결 고운 아미 타고
온 몸 간지러이
숨결 출렁이네

하늘이 땅 되고
땅이 하늘 되는
은밀한 눈맞춤
안기면
헤어날 길 없는
억새꽃 깊은 물결

이른 아침 비

온 몸 부서져
밤새 유리창에
그려놓은
투명한 몸부림

창 밖 나뭇잎
예쁜 색 꽃잎도
비의 땀과 눈물에 젖어
푸른 대로 붉은 대로
드러낸 속내

가진 색깔 없이
채색해야 하고
들리는 소리 없이
부딪치는 아픔으로
말해야 하는
이른 아침 비

창 가 서성이며
젖은 마음 두드리는
한 음절 외침

잊는 연습

읽고 또 읽어
줄줄 외는 낡은 편지도
버리려면 허전하여
잠 설치는데

다 닳은
몽당연필도
버리려면 말 막힐까
가슴 떨리는데
사랑하는 사람 잊는 일이랴

그대 없어 외로우면
그대 있어 아픔이네

바위에 새긴 글은
맨손으로 문질러도 지울 날 있으련만
무른 가슴에 새겨진 당신
지울 길 없네
젖은 마음에 스민 그대
짜 낼 수 없네

어둠이 덮지 못하고

밝음이 드러낼 수 없는
너와 나만의 비밀

언젠가 올지 모를
헤어짐을 두려워하며
사랑할수록
골만 깊어 가는
슬픈 축복

잊는 연습으로
서로에게 기댄 초읽기 행복
하도 많이 쓰고 지워
짓무른 하늘

친구

힘겨운 세상살이 신나게 살게 해 준
그 친구 그립습니다
내 모든 짐 다 져 주진 못해도
따뜻한 눈빛으로 다가와
'힘들지' 하며 어깨 툭 쳐 주는 것만으로도
불끈 힘 솟게 하는 친구

상한 마음 쏟아 낼 땐
물끄러미 듣고 있다가
쏟아진 마음
주섬주섬 담아주는 친구

눈물이라도 보일라치면
나보다 더 훌쩍이며 눈물 뚝뚝 흘리는 통에
오히려 달래 주느라
울던 것 마저 잊게 하는 친구

웬만한 일에는 놀라지도 않다가
정말 다급할 땐
온 몸 던져 막아 주는 친구

세상을 이야기하며

울고 웃다
하얗게 밤 지새도
자꾸 만나고 싶은 기분 좋은 친구

눈물 나게 하는
안타깝고 가슴 쓰리게 하는
생각만 해도 설레고 무작정 좋은
그 친구 그립습니다

파도

바다는 목에 걸린 세월을
울컥울컥
모래사장에 토한다
벌거벗고 누워있는 수줍은 모래톱
전력질주 짝짓기 시도하지만
대양의 기세로도 오르지 못하고
가시 걸린 세월만 내 뱉는다

추파의 몸부림에
몽정에 시달리던
사춘기 부끄러움 되살아나
빈 가슴 도리질로 파문 일고
밤낮 증폭된 욕망이 출렁인다

먹구름 속
케케묵은 옷 벗겨진줄 모르는 전선의
부끄러운 입씨름스파크 바다를 찌르고
덩치 큰 태양의 이글거리는 변덕
안겼다 빠져 나갔다 피로 물들었다 아물었다
시달린 바다는 갈가리 찢어진다

속 시원히 안겨 보지 못한 모래사장은

불감증 걸린 석녀처럼 누워 있고
대양을 다 채우고도 제대로 품지 못해
페로몬 메마른 바다의 상처 난 열정
파도의 애무는 단지 손찌검이다

하늘수박과 고추잠자리

가느다란 넝쿨에 원죄의 목 매고
뜨거운 여름 분노에 위태한 하늘수박

무모한 사랑은 못할 짓
마하 이쩜 오(2.5) 멈출 수없는 고추잠자리
하늘수박에 아슬아슬 내려앉았다

죽어도 눈 감을 수 없는
온 몸 사랑불 댕긴 고추잠자리
눈꺼풀 짓무르고 녹아
퉁퉁 부은 두 눈 머리에 이고
하늘이 무거워
하늘수박에 앉았다

찰랑 차 그렁거리는 눈물 훔친 소매깃엔
하늘이 묻어나고
큰 눈만 아리아리 쓰리쓰리
외진 구석 쫓긴 살이라서 서러우랴
핏대 선 쑥덕공론에도 삶은 경이롭다
기차는 간다

궁색한 변명은 말자

함께 하면 자랑스러움도 있지
사랑해서 찔린 가시는 아프지도 않다
자초한 사랑에 하늘수박 숨통 조여도 대롱대롱
고추잠자리 큰 눈 연신 닦으며 초롱초롱

일란성 영혼

한 번 시작하면
죽을 듯이 앓는
아내의 신음소리가
밤새 내 품을
헤집고 들어왔다

고열로 혼미한 내게
아내의 손길 절실할 때면
되레 발치이불 파고든
병아리 한 마리
이마에 배어난 외로움을
닦아줘야 한다

내가 아플 때면
더 많이 앓아눕는 여인
우리는 일란성 영혼
온이 과분하여
영혼 하나를 나눠 가진
반푼이 짝

최 성 대

하늘 감사
큰 빛
끝자락 새로운 시작
다리와 터널
나라호와 애국가
죽과 죽
한 알의 밀알
하나된 가족
하조대河趙臺
변화의 멋

약력 | 《하나로 선 사상과 문학》 등단
(현) 월문교회 담임목사. 총회신학대학교 및 합동신학대학원대학교(M.Div)
미국 달라스 신학대학원(STM과정), 리폼드 신학대학원(D.Min과정) 수학
웨스트민스터신학대학원대학교 졸업(Th.M : 전공 구약신학)
대한신학대학원대학교와 안양대학교신학대학원 겸임과 외래교수 역임
저서 : 《에덴의 축복으로부터 바벨탑까지》 《모세오경》(출간예정)
《오직 그리스도의 형상〈person〉을 위하여》상.중.하(출간예정)

나의 시작 노-트

문예대학을 통해 잠복된 나의 내면이 사물과 연합된 이미지의 형상화로 화들짝 깨어날 때 가장 낯선 표현을 나도 모르게 선택하게 되고, 무의식과 의식이 하나로 통합되는 흥기발광興起發光의 희락을 맛보는 정경(情境, '네페쉬')에 접하는 행운을 주시니 감사할 뿐이다.

그 동안 주정 없는 주지에 몰두함으로 풍성치 못한 지식으로 짜증날 때가 적지 않았다. 반면 주지 없는 주정主情에 몰입할 때 천박淺薄의 허기虛飢를 느낄 때도 적지 않았다. 주지와 주정의 조화-과학적 시-사물화된 서정시를 시작하면서 동심으로 귀환하는 의지력의 신비감을 느낀다. 교회와 신학교에 오랫동안 몸담아 오면서 나도 모르게 배어있던 고정관념의 가지들이 시작詩作을 통해 깨끗하게 전지pruning되어가고(요 15:2) 정화되는 것을 체득한다.

편협한 민족주의 너머 대자연과 하나 되는 대우주macrocosmos에 속한 건강한 민족을 주신 큰 님께 회개, 감사, 찬양과 영광을 돌리는 시작을 쓰고 싶다. 땅에 속한 사대주의, 동북공정과 식민지사관을 넘어 "하나인 우리"의 소우주microcosmos를 품는 하늘마음의 시작詩作을 하고 싶다.

시장이 반찬(Hunger is best sauce)이라는 말처럼 거룩한 긴장-시어머니같은 시편의 조명이 있어야 진정성의 시작이 빛을 발한다. 3,000년간 검증된 시작詩作이 시편Psalm이다. 전인을 깊게 넓게 높게 길게 품어주는 영혼의 생각의 느낌, 말, 시, 찬양, 몸body의 율동과 향기를 운반하는 거룩한 도구로 시작詩作하고 싶다. 어린아이의 고사리 손은 하늘의 위대하신 큰 손으로 굳게 붙들어 주세요!

하늘 감사

공부 못한 것
몸 약한 것
가난한 것
하늘의 큰 바위님께
세 가지 회개와
감사를 올려드리니
고운님의 하늘 두레박이
오르락내리락하는 구나

큰 빛

영국의 순교자
토마스 선교사 보다 34년
의료선교사 알렌보다 52년
언더우드와 아펜젤러보다 53년 앞서
1832년 한국에 온 첫 번째 개신교 선교사
칼 구츨라프(Karl Friedrich August Guzlaff, 1803-51)
오늘의 고대도(7, 25-8, 12)에 도착 선교
국왕을 위한 선물, 지리, 천문, 과학서 외에
천, 모직, 망원경, 유리 그릇 등이고
한문 성경 신천성서 한권과
기독교 전도 책자들이다.

구츨라프의 소망은
이 외딴 나라에
좋은 씨가 뿌려져 머지않아
영광스럽게 싹이 돋아날 것이고
열매가 맺힐 것이라는
주님 교회의 확산이고
1851년 8월 9일 48세의 일기로
홍콩에서 숨졌고 홍콩공원묘지의
개신교구역에 안장되었고
칼 귀츨라프는 한국의 작은 큰 빛의

거룩한 도구
잠정인暫定人으로 쓰임 받았다

끝자락 새로운 시작

겨울 끝은 봄의 시작
육체 끝은 영혼의 시작
밤끝은 여명의 시작
무릎 끝은 복의 시작
하늘과 땅 끝은 신건곤新乾坤의 시작
어제와 미래의 끝은 현존의 시작
고독한 슬픔의 끝은 기쁨의 시작
외로운 고통의 끝은 즐거움의 시작
낭떠러지 끝은 푸른 언덕의 시작
지식의 끝은 무지의 지의 시작
마음 끝은 없이 있는 님의 시작

아픔의 끝은 건강의 시작
전쟁의 끝은 평화의 시작
결핍의 끝은 만족의 시작
모자람의 끝은 충만의 시작
둘의 끝은 하나 됨의 시작
서쪽 끝은 구원의 시작
나목裸木 끝은 나력naked strength의 시작
매칠년 끝은 면제의 시작
시詩는 벼랑 끝에서 새롭게 시작하는
믿음의 바위, 소망의 흰 구름과
우물가, 시냇가와 강가의 사랑이다.

다리와 터널

우리 인생은 춘천가는
월문 터널과 다리이고
다리는 자존심의 골짜기
사이를 연결하고,
터널은 자만심의 산
사이를 연결하고
우울한 골짜기는
다리로 돋우어지고
자고한 산은
터널로 낮아진다.

님의 다리를 건너
님의 부활로 삼일 만에
동굴 같은 터널을
제비처럼 빠져나가고
계속 되는 터널 이어지는 다리
우리 마음 이야기
축지법같은 다리,
바람 동굴 터널
사랑하는 자존감
본향으로 돌아온다.

나라호와 애국가

고도 302Km 위성분리
지상에서 우주까지
540초를 위한
10년 이상의 기다림
7전8기의 틀을 깨고
2전3기에 하늘 나는
꿈을 쏘아 올려 성공
3차원의 중력 돌파
4차원의 무중력의
궤도 진입 성공

평창 스페셜 올림픽 개막식
뇌 10%만 가진 중증 장애 박모세
5살 때 주기도문을 외우면서
말문이 터진 그 입술로
동해물과 백두산 마르고 닳도록
하나님이 보우하사 우리나라 만세
애국가의 열창과 함께
대소우주를 나는 꿈의 기적이
새롭게 시작된 것이다.

죽과 죽

대나무 죽 피리
곧게 부는 사람
부드러운 죽 먹듯이
강하고 곱게

돌판에 새겨진
강철의 율법
계곡 물 흘러가듯
마음판은 부드럽게

굳센 바위 신앙
큰 바위 밑에서
샘물 솟아나듯이
콸콸 시원하게

올곧은 죽
부드러운 죽 좋지만
죽의 장막의 강철과
팥죽을 분별하게 하소서

한 알의 밀알

한 알의 밀알이 죽어서
많은 열매 맺듯이
패배한 트로이 문명이
그리스의 꽃을 피우고
그리스의 떨어진 화력이
로마의 열매로 맺어지고

한 알의 밀알이 죽어서
많은 열매 맺듯이
님이 죽어서 첫열매 맺고
첫열매와 연합된 자는
능히 헤아릴 수 없는
다중의 열매로 이어지고

식민지사관에
패배한 것처럼 보이는
한반도의 나무들은
하늘에 깊게 뿌리내려
가장 낯선 자유의 결실을
맺어가니 너무 숭고하다

하나된 가족

울산바위와 하나된 가족
금강산 앞 바다와 하나이고
아들 딸 엄마 아빠
해변 모래마당에서 하나되고

부드러운 바다모래와 하나
이름 모를 작은 새들
흰 갈매기 가족들과 하나되고
푸른 미역과 갈색 다시마와 하나
해변가 바위틈, 따개비 따는
즐거운 열정과 하나되고

서울 미아리에서 온
일곱 살 난 사내 아이
바다에 발목 담그는 순간의 일성
"엄마 희한해요"
북동쪽으로 지나가는 덴빈호가 희한하다

하조대河趙臺

하조의 느리고 빠른
강결음 푸르고 넓은 동해를
건너 뛰어 갈 때
고기잡이배와 함께 가고

기암괴석
가파른 꼭대기 위에
청청한 솔 나무
숱한 모진 비바람을
묵상의 맞바람
산울로 진치고

하얀 등대
동북남쪽을 향해 불빛을
조요하게 비추니
고기잡이의 배들 방향잡고
미끄러지게 지나가고

기암의 솔 나무도
저렇게 굳세게 살아가는데
만물의 영장인 사람이
푸르게 살아가지 못할

다른 이유가 무엇인가!
무량감탄의 조준은
우리 안에 있어 감사해요

완급의 강걸음의 나
푸른 기와 물결로
빛나는 별빛으로
오고가는 물길로 흘러
하조대와 하나 되니
고통 가운데 즐겁고
슬픔 가운데 기쁘다.

변화의 멋

어두운 밤이
새벽 노을에
광색으로 변화되는
부활의 멋

밝은 날이
저녁 노을에
흑색으로 변화되는
십자가의 멋

갈색 다시마가
뜨거운 물에서
녹색으로 변화되는
앙망의 멋

황색 질그릇이
뜨거운 불에서
은색으로 변화되는
사랑의 멋

홍 영 철

약력 | 《하나로선 사상과 문학》 신인상으로 등단.
대통령배 복싱 선수권대회 우승
1981년 프로복싱 신인왕대회 우승
서대문 태권도 관장(전), 프로스펙스 복싱 동우회 회장,
투혼 이종격투기 협회 이사
국제 킥복싱 최우수 체육관 상, 국제 킥복싱 공로상 수상

나의 시작 노-트

베이비 붐 세대로 낙동강하구 구포다리지나 김해평야 사상역 덕포동에서 출생하여 부산 구덕산 정기 받는 수원지 물귀신을 면하고 대티고개 넘어 다니던 골목대장 그만두고 완행열차 타고 서울 변두리 구파발리로 상경하여 30리 새벽별 보고 중학생 등교길 오징어 다리 맛에 걸어온 하교길 시절부터 시 낭독하길 좋아했고 배고픔을 배웠던것 같다.

한때 복싱 전성기에 영웅심이 발하여 영웅 되길 꿈도 꾸고 40년 고난과 시련의 연속에서 지옥과 천국을 오가던 중 지인의 소개로 시인이신 박영률 목사님을 만나 사상과 문학에서 개설한 문예대학 유승우 박사님 강의도 듣고 하여 2012년 겨울호(11호)에 부족한 작품을 심사위원님들께서 뽑아주셔서 등단하게 되었고 그 영광과 쓰임을 주님께 감사드린다.

시를 낭독하면 마음이 편해지고 기쁨이 넘쳐 시를 사랑하게 되었다. 어느 분의 말처럼 사람은 "밥만 먹고 사는 것이" 아니기에 고기도 먹고 된장국도 먹고 생선도 먹고 채소도 먹고 과일도 먹어야 즐거움과 살아가는 맛이 있지 않겠는가. 마음속에 있는 영혼을 위해선 어느 누구에게도 말로 할 수 없는 슬픈 가슴앓이 고난 속에서 번뇌의 고통과 외로움 그리움 많은 사람들에게서 살아가며 생기는 오해 질투 사랑 하고픈 얘기거리등을 고백을 하고 싶었다.

시에 대한 열정이 생기면서 사람답게 살기 위해선 하나님 뜻이 숨어있는 자연을 보호하고 사랑하며 진리를 추구하여 하늘에 순종 하는 것이 더불어 살아가는 맛과 멋이 바로 詩라는 생각으로 열심을 다하여 후회 없는 삶이고저 한다.

두견새

내 몸이 가루로
휘날린다면
서러움에 눈물 젖어
날지 않을 거예요

천상 꽃밭
고웁게 다닌다 해도
금수강산
떠나지 않을 테예요

내 몸이 가루로
휘날린다면
떠난 님
용서하고 받는 날까지

두견새 되어
청청 푸른솔
바람에
울어줄 테예요

민들레

하이얀 홀씨는
머얼리 흘러간
소꿉마누라 찾아날고

비 내리면
승천 못한 이무기
강물따라 그리워 울고

하늬바람 불면
산과 들 민들레
노오란 꽃 피어라

뻐꾹새

사꾸라꽃
피고 지면서

붉은 짝 잃은
외로움

경칩 지나
개굴 개굴

피바다
울음속에

아카시꽃
향기내려

뻑 꾸우-
뻑 꾸우-우는가

소쩍새 눈물

밤 하늘
빨갛게 우는 달
하이얀 별은
소오쩍 울음에
눈물 흘리고

태양 아래
빠알간 사과 나무밑
소쩍 소쩍
붉은울음을 훔쳐도

하늘과
산과
강은
푸르기만 합니다

목욕탕에서

실오라기 하나
걸치지 않은
발가숭이들이다

체면 염치 부끄러움까지
벗어버린 맨몸
태초의 신생아들이다

명예 직위도 벗어버린
알몸의 진실
부자도 없고 거지도 없다

하얗게 피어 오르는
수증기의 안개 속에서
태초의 아침을 맞는다

찔레꽃

솔밭에 누워
파란 하늘 바라본다
맑고 파란 하늘의 뜻
솔잎마다 맺혀있다

풀밭에 누워
파란 하늘 쳐다본다
하늘에 오르려는
구름의 하얀 마음

하늘만 쳐다보며
구름따라 가던마음
하얗게 비로 내려
찔레꽃을 피웠다

봄

종달새 외롭다고
종일 울더니
노란 외로움
개나리 꽃으로 피어났구나
온 천지가 노란
노고지리 울음

두견새 그립다고
밤새 울더니
피 멍든 그리움
진달래꽃으로 피어났구나
온 산이 새빨간
두견새 울음

강

간밤 꿈자리에서
비 바람 속을 헤매며
온몸이 젖어 땅에 쓰러지는
가위 눌림을 겪고

뜰에 나오니
찢어진 장미꽃 잎이
빨갛게 피흘리며
흩어져있다

푸른산처럼
나는 일어서고
허리아래 검은 골짜기로
사과빛 강이 흐른다

봄 하늘도
어지러운지
잿빛으로 내려앉았다

진관사 능소화1

백년장송
둘러둘러
같이
홀로 피는 꽃
산야에
물같이
따라따라
천년사찰
이 한밤
가랑비에
피는 꽃

초가집 사랑

북경발 기차를 타고
하염없이 가네
옛 고구려 산천

해저문 새하얀 대지에
매화꽃이 만발하네

외딴 초가집 굴뚝엔
하얀 연기 피어나네

주인네와 여인
또 누가 살고 있을까

해 설

시는 중용의 도를 세우는 것이다

이 오 장
(시인)

시를 쓴다는 것은 중용의 도를 깨우쳐 군자의 길을 찾고 자신의 깨달음과 감동을 남에게 전달하는 것이다. 중용은 유교의 기본 경전인 사서의 하나로 유교 철학개론서라고도 한다. "중"은 치우치지 않음을 "용"은 바꾸지 않는다는 뜻으로 일반적으로 너무 과하지 않고 부족하지도 않는다는 것으로 이해하지만 참된 뜻은 그것이 아니다. 대상의 본질, 즉 사람의 본성을 아는 것이며 각자 주어진 현실 속에서 자신이 해야 할 일을 아는 것이다. 본질을 제대로 파악하고 각자 현실에서 자신의 역할을 다하기는 쉽지 않다. 자신을 알고 맞는 일을 찾았다 해도 꾸준히 진행하며 산다는 것은 힘들다. 지혜로운 사람은 지나치게 넘치고 어리석은 사람은 이에 미지지 못한다는 것을 일깨워 준다.

중용의 도는 사람이 나아갈 방향을 분명하게 제시하여 사람의 본질을 찾고 그 것을 바르게 이행하는 방법을 가르치고 있는 것이다. 사람은 분명히 가르침을 받는 동물이다. 태생적으로 독립된 사고방식을 각각 갖고 태어나지만 공동체를 이루면서 배움이라는 것을 깨닫게 된다. 체계적인 학습으로 사람의 미래를 연속적으로 연장하게 된 것이다. 그러나 사람이 사람을 가르치기란 쉽지 않다. 자신의 경험과 주장을 다른 사람에게 주입시킨다는 것은 자신을 던진다는 것이고 주입 받는다는 것은 자신을 지우는 것이기 때문이다.

"하나로 선" 동인의 결성은 그러한 의미에서 뜻 깊은 모임이다. 회원 대부분이 목자의 신분으로 이끌어가는 사람으로 구성되었고 목자가 아니라도 신앙의 길을 바르게 가는 사람들의 모임, 시로서 남을 이끌어가는 직분으로 뭉친 시인들로 구성되었다. 사방으로 뻗은 사상을 하나로 바로 세워 사람의 본성을 올바르게 하고 저마다의 할일을 찾아 중용의 도를 펼치는 목적을 가졌다. 수많은 시인들의 모임 중에서 으뜸으로 바로 설 그런 날은 머지않을 것이라 생각한다. 개개인의 시업이 하나로 뭉쳐 서로의 발전을 위해 도움이 되리라 믿으며, 그 작품들을 관찰해 본다.

자연을 훼손하지 않고 그대로 드러내는 시인 곽명선

사람은 창조의 개연성을 떠나 자연 속에 깃든 하나의 생물이다. 자연에서 벗어나는 순간 삶의 종말을 맞고 종말 후에도 자연 속에 묻히는 자연의 원자다. 신의 존재 여부를 떠올리지 않아도 그것은 누구도 부정하지 못한다. 이러한 의미에서 곽명선 시인은 시의 씨

앗을 자연에서 찾아내어 한 오라기 빗금 없이 품었다가 사람이 가질 수 있는 감동을 싹트게 하여 읽는 이의 감성을 살아나게 한다. 시 쓰기의 기본이라고 말 할 수도 있겠으나 곽명선 시인만이 가진 특수한 능력이다.

발가벗은
홀가분한 아름다움

앙상한 가지에
솜털 옷이 눈부신데
심술궂은 바람이
옷깃을 흔든다

긴긴밤 얼은 몸
따스한 햇살에
찾아드는 행복

몸속에 흐르는
생명의 기운 끝으로
긴팔 벌리고
기지개를 킨다

하루가 가고
또 하루를 보내며
새봄을 기다린다

「나목」전문

나무는 광합성 활동이 끝나갈 무렵 스스로 잎을 떨쳐내어 겨울을 대비하고 단단하게 원목을 단련시키고 완전히 옷을 벗는다. 생존을 위한 나무의 방식이다. 이러한 것을 보는 사람의 눈은 겨울바람에 시달리는 나무의 겨우살이를 자신의 어려움에 대비하여 나무와 교감을 이룬다. 사람은 영을 가진 동물로 무엇이나 자신의 뜻대로 이루려하는 습성을 가졌고 이루지 못한 것에 대한 욕구는 상상을 초월한다. 그러한 상상이 나무의 원래목적을 뛰어넘어 사람이 가진 감정으로 나무를 보는 것이다. 이것이 시다. 말 못하는 나무에게 말을 걸고 나무의 말을 알아들어 대신 말하는 것이다. 시인의 기본적 감성이다.

곽명선 시인의 눈은 언제나 자연 속에 있고 자연과의 교감을 위하여 모든 감각을 자연에 묻었다. 그러나 자연의 모습을 있는 그대로 표현 하는 것이 아니다. 사람의 운명은 정해져 있는 것 같아도 환경과 믿음에 의하여 시시로 변한다. 흥. 망. 성. 쇠는 돌고 돌아 언제 변할지 모르는 게 사람이 사는 사회다.

자연이 시인에게 준 것은 현재가 아닌 미래의 모습이다. 사계절이 뚜렷한 나라에서 계절마다 변하는 환경에 적응하지 못하면 종말을 맞게 된다. 기나긴 겨울에 얼어붙어 있는 현재가 영원히 지속되지 않으며 생명의 기운을 잃지 않는다면 봄은 다시 찾아오고 환호성을 지르게 되는 것이다. 곽명선 시인은 자연을 잊어버린 현시대의 사람들에게 희망과 미래의 행복을 암시하는 시작에 몰두한다. "야생초", "우리 집 행운목", "자연의 향기", "불나방"등 시의 소재가 자연 속에 깊숙이 들어가 있다. 그것이 누구에게나 정감을 주는 시가 되는 것이다.

동심이 쌓여 영원히 늙지 않는 동박삭이 같은 시인 반인홍

탄생되는 순간부터 인간은 늙어간다. 잉태되어 어머니 뱃속에서 자랄 때부터 늙어간다고 해도 틀린 말은 아닐 것이다. 모든 생명은 정해진 시간을 쓰고 나면 자연으로 돌아가게 된다는 것을 모르는 사람이 없다. 그것이 인간을 욕망의 화신으로 만들었는지도 모른다. 탄생은 자의로 되지 않았지만 죽음은 자의로 조절하고픈 욕망이 인간의 가장 큰 욕망이다. 어떻게 하면 늙지 않고 영원히 살 것인가. 불로장생의 묘약이 무엇인가. 이것은 인간의 영원한 숙제이며 욕망의 근본이다. 그러나 방법은 있다. 동심의 세계를 잊지 않는 것이다. 반인홍 시인은 그러한 시인이다.

토실토실
우윳빛 속살

열아홉 하얀 미소
햇살로 핀 목련

한 송이라도
보듬을 수 있을까
사모하는 절름발이

고개 들어
내려다보는 목련

뻗힌 손 닿기 전에

애절한 사랑만
주고 가네

「목련」전문

꽃을 보고 감탄하고 꺾어보려는 욕심을 가지지 않는 사람은 없다. 꽃 앞에 서면 잠시라도 자신을 잊게 되는 것이 인지상정이다. 그러나 꽃을 대함에 있어 아이와 어른의 차이는 분명하다. 어른은 꺾으려 하고 아이는 친구가 되려한다. 그러한 차이가 소리 없는 웃음을 만들어내는데 그것이 동심의 미소다.

식물이라 할지라도 늙는 것은 피할 수 없어 한정된 시간이 지나면 흙으로 돌아간다. 영을 가진 인간은 돌아가기를 거부하려 들고 두려워하며 어떻게든 피하려고 노력한다. 하지만 그것을 피해간 인간은 없다. 육신은 비록 늙어가지만 그 마음만은 동심, 즉 태어난 순간의 초심을 갖는다면 늙는 것이 두렵고 죽음의 공포가 있겠는가. 반인홍 시인은 다르다. 어느 때 어느 순간에도 초심을 잃지 않고 동심으로 가득한 모습을 보여준다. 한 송이의 목련을 대하고 꺾으려는 욕심이 없다. 보듬어보기도 어려워 절름발이 사랑을 고백한다. 이러한 시편은 작품마다 스며있어 어떤 작품을 읽어도 순수하고 맑은 동심으로 이끌어간다. "산", "청량산", "둥구나무", "숲속 길" 등 모든 작품이 대부분 어른이 잊어버린 동심을 다시 채워주는 것이다.

작품의 우수성을 떠나 시인의 기본 자질이 시적요소로 꽁꽁 묶여있는 반인홍 시인은 동심을 간직한 이상, 영원히 늙지 않는 동박삭이가 될 것이다.

희망의 풍차로 신천지를 개척하는 시인 이규봉

인간은 이동성 동물이다. 원시시대 때부터 꾸준히 이동하며 새 땅을 개척하고 후손을 번식하여 수 만년을 이어오고 있다. 인간의 발자취가 한 곳에 머물러 있지 않다는 증거는 지구 곳곳에 남아있고 지구 전체를 차지한 현실에서 누구나 부정하지 못한다. 한 곳에 정착하지 못하는 인간, 비록 머물러 있다하여도 그 자리를 만족하지 못하는 인간, 현재에서 뛰쳐나가려는 욕망이 스스로의 절망을 만든 것이다. 그래서 인간은 만족을 몰라 불행하다. 가졌다 해도 불행한 것이 인간이다. 이러한 고뇌의 세상에서 이규봉 시인은 새로운 희망의 풍차를 돌린다.

보막이 공사가
한창 벌어지고 있는
강변 둔치
해묵은 상수리나무 앞에
서있는 풍차

바람이 불어올 때마다
희망의 노래를 부른다

강 이야기를 싣고
희망과 풍요
용기의 노래 들려주며
돌고 있다

큰 포물선을 그리다
휘파람 불며 신명나서
힘차게 돌아가고 있다

「희망의 풍차」전문

궁하면 통한다는 말이 있다. 막혔을 때는 그것에 대비할 방법이 새롭게 떠오른다는 말이다. 이 말은 곧 막힘이 없다는 말이기도 하다. 닥친 위기에 직면 했을 때는 다급함에 해결 방법이 떠오르지 않을 뿐 방법이 없는 것이 아니다. 인간은 수많은 위기를 헤쳐가며 살아왔다. 종말에 가까운 전쟁을 겪었고 자연의 재해를 이기지 못해 자멸에 가까운 피해를 당하기도 한다. 그때마다 위기를 넘겨 유지된 인간은 현대에 와서 새로운 위기에 직면해 있다. 그것은 스스로의 자만에 빠져 자신이 만든 과학문명의 병폐에 시달리고 있는 사실이다.

너무 많이 먹어 병들고, 너무 높이 올라 멍들고, 너무 많이 가져 힘겹다. 그래서 새로운 돌파구를 찾아 자연을 벗어나려고 한다. 오히려 자연 속으로 더 파고들어야 하는데 반대로 떠나려고 발버둥 친다. 이것이 현대인의 병이며 불행의 연속이다.

위기에 봉착하면 그것을 피하려고, 사는 곳을 떠나 새로운 삶을 개척할 신천지를 찾게 되는데 현대인의 신천지는 과연 어디에 있는가. 이규봉 시인은 희망의 풍차로 대변한다. 마땅히 새로운 곳으로 떠나 새 땅을 개척해야 하지만 시인의 정신은 현재의 땅을 새롭게 꾸미는 것이다.

양식을 주는 상수리나무는 바람을 부르고 바람은 풍차를 돌려 풍요와 용기의 새로운 노래를 부른다. 긴 포물선을 그리는 휘파람

소리로 사람들의 마음을 신명나게 사로잡아간다. 힘차게 돌아가는 새로운 땅, 결코 멀리 있지 않고 새로운 곳에 있는 것이 아니다. 현재 사는 곳을 새롭게 가꾸면 되는 것이다. 이것이 이규봉 시인이 말하는 희망의 새 땅인 것이다.

꽃에서 찾은 인생의 윤회를 드라마로 엮어내는 시인 이명희

인간은 의문형의 동물이다. 자연의 모든 것이 궁금하고 자신의 전생과 미래에 대한 의문으로 잠 못 이루기도 하는 자만의 동물이다. 수많은 동물 중 자신들만이 생각하는 영혼을 가졌다는 자만에 빠져 의문의 꼬리를 물고 물다가 정신착란에 빠지기도 하는 게 인간이다. 자연은 순리다. 어떠한 이유가 없이 섭리대로 운영되는 게 자연이다. 그러한 자연 속에 오직 인간만이 의문을 갖고 무엇인가에 빠져들어 이익 보다는 손해를 입는 때가 많다. 그러한 인간의 역사 속에서 이명희 시인은 한 송이의 꽃에서 새로운 것을 발견하였다. 평범한 의문의 인간에서 의문을 풀어내는 시인으로 바뀐 것이다.

꽃이 피고 지는 데도
순서가 있음을 안 건
밥숟가락의 의미를 알 때부터였다
눈감고 외우지 않아도
피고 지는 순서가 뼈마디에 사무치는 건
가슴 속 내내

꽃이 지기 때문이다
서성대던 꽃잎이 상념을 떨구고
희망처럼 온 몸을 토해내는 것은
피기 위해 지기 때문이다
그러니
어서어서 피어나라
떡잎부터 알아본다 세상이 시건방떨어도
대궁부터 속살까지 온통 붉은 것을
떨어져 다시 펴도
죄다 붉을 수밖에 없는 것을
하여
꽃처럼
꽃같은
그대
어서어서 피어라
다시
피거나 지거나
마침내
이생엔 구원이 있으시길

「꽃이 피는 이유」전문

인간은 자연으로써 자연으로 돌아갈 수밖에 없다. 자연엔 이름이 없는데 모든 사물에 이름을 붙인 건 인간이고 그 이름으로 인간의 편리함은 배가된다. 비는 내리는 순간에 비였다가 떨어지면 빗물이 되고 냇물, 강물, 바닷물이었다가 다시 수증기로 증발하여 다시 비가 된다. 끊임없이 윤회의 수레를 돌린다. 그러나 사람이 태어나 죽게 되면 다시 사람으로 태어나는가 하는 의문은 인간이 만든 영혼의 일시적인 구원일 뿐 아직까지 증명 되지는 않았다. 그렇게 바라는 인간의 염원 일 뿐이다. 이명희 시인은 인간의 죽음을 대하고 다시 한 번 인간의 가장 큰 염원인 윤회의 수레가 쉬지 않고 돌아가기를 바란다.

철들기 전부터 가족이나 지인의 죽음을 보아온 시인은 또 한 번의 슬픈 작별을 마주했다. 순서가 정해지지 않았다 해도 자연스럽게 다가온 운명은 망자보다 떠나보내는 사람의 가슴을 더 아프게 한다. 그러나 그 슬픔을 외면하며 꽃처럼 다시 피어나기를 갈망하고 기도하는 화자의 가슴은 온통 붉은 빛으로 감싸있는 세상을 성토하며 죽음을 막지 못한 자신을 책망한다. 꽃처럼 꽃 같은 이름을 반복하여 부르며 어서 다시 피어나기를 바라는 마음은 마침내 구원의 기도를 세상의 잣대로 키워내는 것이다.

이명희 시인의 시세계는 한마디로 다양성을 가졌다. 지식인으로써의 지혜의 방향 보다는 생활에서 터득하고 느낀 모든 감각적 체험의 방향에서 시의 길을 모색한다. 올바른 시인의 자세다. "드라마 속에 내가 있다", "모국어 할 줄 아십니까", "무인의 노래", "역사란 무엇인가" 등 다방면으로 눈을 돌려 하나하나 초점을 제대로 맞춘다. 특히 "죽비 소리"를 보면 잡다하게 사소한 일상에서 수행의 과정을 찾아내고 수행을 독려하는 죽비의 이미지를 대비하여 푸르른 희망을 찾아낸 표현은 현대시의 묘미를 제대로 살려냈다.

그림자의 슬픔을 꽃과 사랑으로 노래하는 이 시대의 광대 작가 이민욱

인간의 바램은 행복과 불행의 극단적인 양극이다. 그러나 가장 이기적인 모습이기도 하다. 행복이 무엇이고 불행이 무엇이냐고 묻는다면 선뜻 대답할 수 있는 사람이 몇이나 될까. 쉽게 말한다 해도 가지고 싶은 것 모두 갖는 것이 행복이고 모든 것을 잃어버리는 것이 불행이라고 대답할 것이다. 그러나 많은 걸 가졌다고 행복하고 부족하다고 불행할까. 이러한 문제로 수많은 선구자들이 고행에 들었지만 아직도 대답은 애매모호 할 뿐이다. 이민욱 작가는 인간의 행복과 불행의 정점을 노래하여 말한다.

어디서 시작 된 것일까?
바다에서 산으로 부는 바람
산에서 바다로 부는 바람
또 어디로 불어가는 것일까
이 바람에 마음실어 날려 보내면
그리운 사람들을 만나게 될까

바람이 분다.
어디서 시작 된 것일까?
눈물을 만드는 바람
그리움을 날리는 바람
사람들의 숨소리 같은 바람
바람이 분다.
바람이 분다.

「바람이 분다」전문

인간 두뇌의 능력을 검사하려면 지능검사를 하게 된다. 그런데 그 검사과정에서 아무런 지식이 없는 사람에게 적용한다면 그것은 무효이다. 검사하는 방법이 교육받지 않으면 풀지 못하는 문제이기 때문이다. 결국 인간의 행복과 불행을 논한다는 것은 어떻게 하던 무효라는 것이다. 돈을 모르는데 셈을 알겠으며 세상을 모르는데 부족함을 알겠는가.

인간은 아는 만큼 힘들고 행복을 잊는다. 자신의 행복을 모르고 더 갖고 더 많이 알려고 하는 욕망이 불행을 부르는 것이다. 이민욱 작가는 인간의 행불을 초월하여 현실에 만족하고 그만큼의 여유를 누리는 사람이다. 자신이 찾아낸 결과를 사회전체에 퍼트려 모두가 행복이 무엇인지를 알게 하는 노래를 만든다.

바람은 빈자리를 향하여 움직인다. 어딘가가 부족하면 그 자리를 메워주어 모두가 풍족하게 하려는 희생적인 성질을 가졌다. 그러한 바람이 어디서 불어오면 어떤가. 마음을 실어 그리움을 전하고 기쁜 소식을 전하면 되는 것이다. 눈물이어도 괜찮다. 산에서 일어나 바다를 향하던 바다에서 일어 산으로 향하던 부족함을 메워주는 행복, 이것이 현실의 만족이다.

인간이 나무같이 생각하는 영혼이 없다면 인간에게 불행은 없다. 무엇을 보고 겪어도 아무것도 모르는 행복, 그러나 인간은 영혼의 동물이다. 스스로 기준을 세워 행불을 논한다. 달빛아래 서서 스스로의 그림자에 슬퍼하는 고뇌적인 삶이 인간의 기본 삶이다. 그는 이러한 모든 행불을 노래로 만들어 전파한다. 근본적으로 행불은 없는 것이니 노래를 불러 잊어버리고 언제나 행복하라고 권하는 것이다. 그것이 광대의 최대 목표이며 의무이다.

땅의 순수와 하늘이 내린 꿈을 눈물로 맞는 시인 임승순

모든 생물에는 저마다 주어진 시간이 정해져 있다. 식물은 식물대로 동물은 동물대로 그 시간 안에서만 생을 유지하다가 간다. 동물과 식물 중 주어진 시간을 다 썼다는 걸 누가 먼저 알아챌 수 있을까. 당연히 식물이다. 나무는 수명이 다했다는 걸 아는 순간 모든 걸 정리한다. 잎을 지우고 열매를 빨리 익히며 미생물에 의탁하여 마지막을 장식한다. 수많은 동물 중에서 인간만이 그것을 모르고 죽는 순간까지 포기하지 않고 발버둥 치는데 주어진 생이 영원하다고 착각하기 때문이다. 여기에서 인간의 고뇌는 시작되고 두려움에서 헤어나지 못한다.

임승순 시인은 인간의 최대 두려움인 죽음의 공포를 벗어나는 방향을 제시하고 하늘을 향한 순수한 믿음을 눈물로 말한다.

> 소리 없이 지는 낙엽은
> 인생의 마지막 길동무되어
> 한잎 두잎 옛이야기 하네
>
> 당신의 쉴 곳 찾아 방석이 될 때
> 실바람도 못 이기어
> 손 잡혀 끌려가네
>
> 꿈 많은 푸른 시절은 가고
> 잎 떨어져 앙상한 뼈마디
> 가닥가닥 흰머리에

고생한 당신 눈물 흐르네

주름진 얼굴 예쁜 낙엽 되어
바람 따라 멀리 날아가
하늘에서 만나요 하늘에서 만나요

「황혼」전문

순수하다는 것은 맑다는 것이고 맑다는 것은 색이 없다는 것이다. 하늘에서 받아 내려온 순수의 생명엔 색이 없어야 정상이다. 그러나 인간의 삶속에 뛰어든 순간 자기만의 색을 가지고 자신의 색을 남에게 씌우려 하는 게 인간이다. 자기의 색이 남에게 전가되면 혼란이 온다는 것을 알고 있지만 그것이 욕망이라는 것을 모르는 인간, 그래서 인간은 죽음 앞에 섰다는 것도 모르고 막연한 두려움에 공포를 느끼는 것이다.

인간은 처음으로 돌아가 하늘이 준 색을 저마다 유지해야 한다. 그것만이 평화와 개개인의 행복을 만들어준다. 임승순 시인은 이러한 면에서 자기만의 순수를 간직한 시인이다. 푸르른 시절에 만난 동반자가 희끗희끗한 머리카락에 앙상한 뼈마디로 변하여 실바람도 못이기는 현실, 그 모습에서 자신의 변함을 보게 되고 흘리는 눈물, 줄줄이 꿰인 진주목거리다. 이러한 현상은 누구나 겪는 일이지만 과연 얼마나 많은 사람이 눈물 흘리며 자책하고 하늘이 준 약속을 이행하자고 다짐 할 수 있을까. "기다림", "환청", "독백", "식은 밥상" 등 편편이 이어진 순수한 모습은 시인의 색상이 없다는 것을 말해주고 색이 없어도 어디에 있던 쉽게 찾아낼 수 있다는 사실을 확인시켜준다. 뜨겁게 흘리는 눈물이 아닌 하늘이 준 약속의 눈물을 흘리는 시인이라면 이 시대 어느 곳에 있어도 꽃이 된다.

사계의 변화를 습득하여 침묵으로 가르치는 시인 최병극

인간은 가르침의 동물이다. 자연에서 얻은 것이나 사색으로 얻은 철학, 또는 인간관계에서 습득한 모든 것을 내려 받는 가르침으로 삶을 유지해 왔고 그것을 기반으로 우주로 향한 과학이 발달하였다. 이러한 습득이 없다면 한 걸음의 발전도 없었을 인간이 자신이 최고라고 뛰쳐나가는 날 혼란이 가중되어 집단의 협력이 깨진다. 이러한 혼란을 막기 위해서는 앞서가는 지도자가 필요하고 진로를 결정하는 권력자가 있어야 한다. 그러나 힘으로 지배하는 권력의 폐단은 없어야 하며 정신적인 지도자가 절실히 요구된다. 인류 역사상 가장 위대한 지도자는 과연 누구일까. 알렉산더 대왕, 진시왕, 시저, 나폴레옹, 히틀러 등 수많은 사람이 있으나 그들은 존경받지 못하는 지배자 일 뿐이다. 정신적인 지도자 즉, 인류의 위대한 스승은 종교에서 나왔다. 붓다, 예수, 마호멧, 공자 등 정신으로 가르친 지도자들은 인류가 멸망하는 순간까지 누구나가 부르는 이름이 될 것이다. 이것은 누구도 부정하지 못한다.

인간사회에는 이름난 지도자들 보다 순수하고 말없이 인류에 이바지 하는 이름 없는 지도자들이 헤아릴 수 없을 만큼 많다. 위대한 정복자도 정신적 지주인 종교의 창시자는 아니지만 그들이 있어 인간은 영유하는 것이다. 그러한 인물 중 한 명이 최병극 시인이다.

내기 놀이에 아까운 세월 다 놓쳤다
아니 침묵 내기하며 그 자리에 남았다
어제도 그 자리에서
오늘도 그 자리에서
침묵일 뿐이다
하늘도 침묵한 체
바위를 내려다보고 있다
바위는 우러러 보고만 있다
누가 오래하나
침묵내기다

「침묵바위」전문

봄. 여름. 가을. 겨울 사계절은 거듭된다. 지구가 끝나는 날까지 온대지방의 사계는 변함이 없이 역사를 이끌어왔다. 사계는 인간의 심성을 바꾸고 삶의 질을 높이기도 낮추기도 한다. 인간은 거기에서 지혜를 얻고 변화하는 자연에서 삶을 유지 했다. 그러나 인간 전부가 그것을 배우는가. 아니다. 극히 일부의 사람만이 깨달음을 얻어 주위 사람을 이끌어가는 것이 인간 사회다.

최병극 시인은 사계의 변화를 알고 빗소리에서 동식물의 삶을 헤아려 예술의 극치를 맛본다. 바닷소리에서 높낮이를 배우고 하찮은 풀잎에서 황혼의 극광을 얻는다. 옛것을 새로이 익혀 현대의 변화에 대응하고 촛불의 희생을 익혀 인간의 순수를 일깨운다. 이렇게 습득한 지혜는 정치지도자들의 행태와 권력의 허무함까지 비판한다.

인간의 배움에는 한계가 없다. 하나의 필름에 계속되는 영상을 끝없이 입력한다. 그러나 많이 배워서 간직하면 무슨 소용인가. 가르침의 동물답게 자신의 지식을 가르쳐야 그 배움의 가치가 있는 것이다. 바위 앞에서 누가 침묵하는가 하는 내기는 어리석기 짝이 없는 짓이다. 바위는 말을 못하기 때문이다. 그러나 시인은 바위와 침묵내기를 한다.

인생을 관통하며 얻은 지혜는 언젠가는 바위도 말을 할 것이라고 믿는다. 이것이 가르침이다. 말 못하는 바위가 말을 하게하는 방법은 침묵하는 방법뿐이다. 결국 인간이 인간답게 사는 것은 많은 말이 필요하지 않고 무거운 입을 가져야 한다는 것이다. 말은 사람을 살게 하는 약이 되지만 가장 독한 극약이 되기도 한다는 것을 바위의 침묵으로 말하는 시인의 눈은 가장 멀리 보고 가장 깊숙이 들여다보는 힘을 지녔다.

모래밭에서 파도를 맞고 파도의 노래로 빛을 전하는 시인 최병수

파도를 본다는 건 바람을 맞는 일이다. 파도는 바람의 크기로 일렁이기 때문이다. 바닷가 모래사장에서 밀려드는 파도를 마주하고 감탄하며 환성을 지르지 않는 사람이 있을까. 누구든지 파도 앞에 서면 외적인 표현을 감추지 못한다. 그때 함께 맞이하는 것이 바람이다. 그런데도 바람의 존재를 잊고 파도의 움직임에 집중하는 이유는 뭘까. 파도와 바람의 상관성을 잊고 보이는 것만 가지려는 인간의 소유적인 습성 때문이다.

아무리 파도가 크다 해도 뒤파도가 앞 파도를 덮치는 일은 없다. 사나울수록 질서를 유지하는 것이 파도다. 이러한 파도의 모습으로 인간 생존경쟁의 모순을 그려낸 최병수 시인은 어느 곳에 있어도 밝은 빛으로 타오르는 시인이다.

바다는 목에 걸린 세월을
울컥울컥
모래사장에 토한다
벌거벗고 누워있는 수줍은 모래톱
전력질주 짝짓기 시도하지만
대양의 기세로도 오르지 못하고
가시 걸린 세월만 내 뱉는다

추파의 몸부림에
몽정에 시달리던
사춘기 부끄러움 되살아나
빈 가슴 도리질로 파문 일고
밤 낮 증폭된 욕망이 출렁인다

먹구름 속
케케묵은 옷 벗겨진줄 모르는 전선의
부끄러운 입씨름스파크 바다를 찌르고
덩치 큰 태양의 이글거리는 변덕
안겼다 빠져 나갔다 피로 물들었다 아물었다
시달린 바다는 갈기갈기 찢어진나

속 시원히 안겨 보지 못한 모래사장은
불감증 걸린 석녀처럼 누워 있고

대양을 다 채우고도 제대로 품지 못해
페로몬 메마른 바다의 상처 난 열정
파도의 애무는 단지 손찌검이다

「파도」 전문

바다는 목에 걸린 세월을 울컥울컥 모래사장에 토해낸다. 파도의 힘이다. 모래톱이 부서지든 말든 자신의 목적지에 닿아 하얀 거품을 토하고 소멸된다. 하지만 파도의 수명은 영원하다. 계속 밀려오기 때문이다. 바람이 작을 때나 태풍으로 변했을 때나 파도를 관찰하면 그 질서가 정연하다. 큰 바람에서도 질서는 유지되어 서로 부딪치거나 침범하지 않는다. 이것이 파도의 진심이다. 그러나 사람은 파도의 진정성을 믿지 않는다. 바다를 일으켜 세워 무엇이든 파괴하는 힘을 두려워하는 것이다. 마치 생존경쟁에서 이긴 승리자 같이 모든 것을 얻은 지배자로 착각하는 게 사람이다. 최병수 시인은 이러한 파도의 진성을 보게 되었다. 인간이 얼마나 큰 착각을 하는지 알게 된 것이다.

최병수 시인의 파도는 파도가 아니다. 강물에 띄워 보낸 그리운 사람이고, 별과 꽃으로 변한 환희이며, 사람이 기대어 사는 산이다. 한마디로 인간 세상에 모든 것을 품에 안는 진실이다. 그러나 가르치려는 시도는 없다. 정글의 법칙이 적용되는 세상과 그 속에서 소멸되지 않고 살아가는 약자의 생존을 그렸을 뿐이고 인간의 질서를 파도의 모습에서 찾았다. 이러한 모습이 시인의 참된 자세다. 아침에 내리는 빗속에서 젖은 울음의 음절을 듣고, 일심동체의 부부간에서 하나의 마음이 어떻게 통하게 되는가를 깨달았으며, 존재한다는 이유로 행복을 주는 친구의 도를 세웠다.

시는 인간의 기본 심성이기 때문이다. 말이 생성되고 아직 글이 정립되지 않았을 때부터 시는 존재했다. 인간 속에 있는 모든 것을 대변하고 함께 흐른 것이 시다. 시인은 마땅히 파도 같은 존재가 되어야한다. 두려움을 주는 것이 아니라도 인간정신의 정점에서서 인간의 양심과 질서를 지켜야한다. 그러한 답을 일찍 찾은 최병수 시인의 시심에 불을 댕긴다.

광야의 지팡이로 하늘의 멋을 가리키는 시인 최성대

유동성 동물 인간이 가장 싫어하는 것은 무엇인가. 한 곳에 정착하지 못하고 새로운 터전을 찾아 움직이면서도 새로운 변화를 가장 싫어하는 아이러니 한 동물이 인간이다. 삶을 위한 정착지는 필요하지만 정신의 변화는 피하는 것이다. 그러한 과정에서 신의 존재를 알게 되고 믿어야 산다는 것을 터득한 인간, 그때부터 지도자는 자연스럽게 생겨났다. 이끌어간다는 것은 앞장 서는 것이고 앞장서려면 도구가 필요하다. 그것이 목자의 지팡이다. 즉 하늘의 믿음을 실천하고 그 길로 인도하는 표석인 것이다.

문명은 인간 스스로가 따르지 못할 정도로 빠르게 발전하고 있다. 이런 과속의 세계에서 광야에 길을 내던 지팡이는 점차 무용지물이 되어간다. 정신의 피폐현상이 찾아온 것이다. 최성대 시인은 광야의 지팡이에 변하를 주었다. 가리킴의 도구에서 하늘을 알려주는 멋있는 성물로 재탄생 시킨 것이다.

어두운 밤이

새벽 노을에
광색으로 변화되는
부활의 멋

밝은 날이
저녁 노을에
흑색으로 변화되는
십자가의 멋

갈색 다시마가
뜨거운 물에서
녹색으로 변화되는
앙망의 멋

황색 질그릇이
뜨거운 불에서
은색으로 변화되는
사랑의 멋

「변화의 멋」전문

변한다는 것은 바꾼다는 것이다. 바꾼다는 것은 뒤집는다는 것이다. 그러나 그 존재가치를 바꾼다는 것은 본질을 바꾸는 결과를 가져와 혼란을 주게 되고 새로운 시작이 된다. 인간이 제일 싫어하고 두려워하는 변화다. 최성대 시인은 바꾸기를 원한다. 본질을 바꾸는 게 아니라 본질을 찾아내는 방법을 바꾸고자한다. 목자의 길을 걸으며 넓은 광야를 앞장서 오면서 숱한 고난의 과정을 겪었고 그 속에서 얻은 결과는 만족하지 못한다.

양떼를 인도하며 하늘의 계시를 알려주고 하늘 뜻대로 모래 위를 걸어도 아직 끝에도 도달하지 못했다. 날마다 자책한다. 하늘의 뜻을 잘못 이해한 것인지, 알고도 실천하지 못하는 것인지를 고민한다. 목회자의 숙명이다. 어두웠던 밤이 아침을 맞아 광색으로 변하고 한낮이 지나 흑색으로 변하는 저녁노을의 변화는 하늘의 뜻이다. 인간이 어떻게 할 수 없는 절대자의 힘이다. 이러한 힘 앞에 인간은 두려움만 느끼고 사랑을 찾아내지 못하는 불신의 현실을 고치려는 노력은 최성대 목사를 시인으로 재탄생 시켰다. 새로운 방법으로 하늘의 뜻을 펼치라는 것이다.

성경의 말씀이 옳아도 그것을 모르면 쓸모가 없다. 알아야 하늘의 뜻을 안게 되고 바른 길을 택한다. 이것을 바꾸는 방법은 하늘의 멋을 알게 하는 것이다. 최성대 시인은 새로운 길을 찾아낸 것이다. 하늘의 뜻을 바르게 가르치는 방법을 시에서 모색한다.

골목에서 바른 길을 찾고 자연에서 하늘을 본 시인 홍영철

인간은 방황의 동물이고 착각 속에 사는 어리석은 영물이다. 자연을 무시하고 최고라는 자부심을 버리지 못한다. 그러한 방황 속에서 제자리를 찾아내기는 어렵다. 제자리를 찾는다는 것은 성공했다는 것인데 수많은 인간 중 성공을 이룬 인간은 과연 몇이나 되는가. 인간이 이룬 성공은 인간 중에 일어난 모든 것을 말하는 것이 아니라 개인의 소망에 따라 다르다. 그러나 최고를 꿈꾸는 것은 대동소이하다. 홍영철 시인은 꿈을 이룬 얼마 안 되는 인간에 들어간 것이 분명하다. 방황의 시절을 지나 인간의 본향인 자연을 찾았기 때문이다.

내 몸이 가루로
휘날린다면
서러움에 눈물 젖어
날지 않을 거예요

천상 꽃밭
고웁게 다닌다 해도
금수강산
떠나지 않을 테예요

내 몸이 가루로
휘날린다면
떠난 님
용서하고 받는 날까지

두견새 되어
청청 푸른 솔
바람에
울어줄 테예요

「두견새」 전문

두견새는 탁란의 대표적인 여름 철새이다. 남의 집에 알을 낳아

놓고 그 알이 집주인의 알보다 먼저 부화하여 주인의 알을 치워버리고 먹이를 독차지하며 빨리 자란다. 그 때 새끼 주위를 배회하며 울어대는 어미의 처절한 울음은 듣는 이의 심금을 울린다. 왜 자신이 키우지 못하고 남의 집에 새기를 낳을까. 자연의 섭리지만 태생적으로 여름 철새인 두견이는 새끼를 낳아 기르는 시간이 촉박하여 그 방법을 택하고 번식에 성공한다.

이때가 인간으로서는 방황기에 속한다. 부모로부터 태어났으나 인간의 도, 즉 하늘이 준 섭리를 잘못 이해하고 거리를 헤매며 자신의 분노를 표출하고 우월감을 뽐내는 것이다. 이러한 과정은 누구나 겪게 되는데 이것을 무사히 넘겨야 진정한 인간으로 거듭난다.

홍영철 시인은 누구나 겪는 방황의 시기를 거치고 바르게 길을 찾은 사람이다. 여러 가지 방법이 있으나 그 길을 자연에서 찾아내었다. "민들레", "소쩍새", "찔레꽃", "봄", "강" 등 자연의 모습을 있는 그대로 그리다가 시를 알게 되고 시 속에 사람마다의 날개가 있고 천지창조의 원리가 있음을 깨달았다. 인간의 변화과정 중 자연에서 찾은 변화는 또 다른 변화를 일으키지 않는다. 시가 곧 인간의 기본이기 때문이다.

이제 과감히 선언한다. 자연 속에서 찾은 인간의 참된 모습과 시 속에서 찾은 인간의 참된 맛을 위하여 정진 하겠다고. 권력과 부를 위한 몸부림이 부끄러웠다고, 시를 전파하는 시인의 길을 쉬지 않고 달릴 것을 다짐 한다.

치우치지 않는 것을 중이라 했고 바꾸지 않는 것을 용이라 했다. 현재까지 어떠한 길을 걸어왔고 걸어온 길을 병행하여 다른 길을 찾았다 해도 자신의 길은 분명히 있어야 한다. 목회자의 길을 걸으며 또는 참된 신앙의 길을 찾아 쉬지 않고 기도했다 하더라도 시인의 길을 새롭게 택한 이상 기존의 길에서 얻은 만능의 지혜로 새로운 지평을 열어갈 것임을 믿는다. 그러나 문학적인 성취를 위해서는 변화가 필요하다. 시는 구원의 기도문이 아니고 공감의 창조물이기 때문이다. "하나로 선 동인" 모두가 나름대로의 길을 개척한 것은 사실이지만 이제 시작인 것을 알아야 하고 길 저쪽은 아직 가물가물 하다는 것도 인식해야 한다.

첫 마당에 함께 참여하지 못한 동인들은 다음 마당에서는 다양한 장르로 참여하여 풍성한 장을 펼치기 바라며, "하나로 선 동인" 의 글이 어두운 곳을 불 밝히는 등불이 되길 바란다.

-사상과 문학 시인선 · 3-

막사발 시

초판인쇄 2013년 8월 28일
초판발행 2013년 8월 30일

지 은 이 하나로선 동인회
펴 낸 이 박영률
표지디자인 김해빈
펴 낸 곳 하나로선 사상과 문학사
인쇄기획 엔크

출판등록 제2012-000301호
주 소 서울시 마포구 신수동 창전로2길 27호
전 화 02-326-3627
팩 스 02-717-4536

메일주소 holyhill091@hanmail.net

I S B N 978-89-969513-2-2 03810
정 가 7,000원

「이 도서의 국립중앙도서관 출판시도서목록(CIP)은
서지정보유통지원시스템 홈페이지(http://seoji.nl.go.kr)와 국가자료공동목록시
스템(http://www.nl.go.kr/kolisnet)에서 이용하실 수 있습니다.
(CIP제어번호: CIP2013015959)